Marie Robert
Auf einen Kaffee mit Kant

W0057831

GOLDMANN
Lesen erleben

Buch

Ganz egal, ob man bei Ikea verzweifelt, das erste Treffen mit den Schwiegereltern vermasselt, mit einem Teenager unter einem Dach lebt oder es beim Feiern
etwas übertrieben hat – Situationen, die einen aus dem seelischen Gleichgewicht bringen, gibt es mehr als genug. Nur: Wie schafft man es, dass sie weder
mit einem Nervenzusammenbruch noch in einem Weinkrampf enden? Marie
Robert hat die Lösung: Laden Sie doch mal Platon, Spinoza, Nietzsche und Co.
zu sich nach Hause ein und schildern Sie ihnen bei einer Tasse Kaffee, was so los
ist in Ihrem Alltag. Was hätte Kant auf eine Trennungs-SMS geantwortet? Ist
das Gras grüner bei Epikur? Und Aristoteles? Hätte er sich noch einen Wodka
genehmigt? Endlich kommen die Philosophen aus ihren Bibliotheken heraus –
und werden zu unseren Komplizen. Zwölf Philosophien, die uns dabei helfen,
die Überraschungen des Lebens mit Humor zu nehmen.

Autorin

Marie Robert lehrt Philosophie und Französisch an der Universität sowie am
Lycée. Zudem gründete sie in Marseille eine eigene Grundschule mit angeglie-
dertem Kindergarten, die nach der Montessori-Pädagogik ausgerichtet sind.

Marie Robert

Auf einen Kaffee mit Kant

Überlebenstipps für den Alltag von
den 12 größten Philosophen

Aus dem Französischen
von Kristin Lohmann

GOLDMANN

Die französische Originalausgabe erschien 2018 unter dem Titel
»Kant tu ne sais plus quoi faire« bei Flammarion/Versilio, Paris.

Verlagsgruppe Random House FSC® N001967

Dieses Buch ist auch als E-Book erhältlich.

1. Auflage
Deutsche Erstausgabe Dezember 2019
Copyright © 2018 der Originalausgabe: Flammarion/Versilio
Copyright © 2019 der deutschsprachigen Ausgabe:
Wilhelm Goldmann Verlag, München, in der Verlagsgruppe Random House GmbH,
Neumarkter Str. 28, 81673 München
Dieses Buch wurde vermittelt von Susanna Lea Associates
Umschlag: Uno Werbeagentur, München
Umschlagmotiv: FinePic®, München
Redaktion: Nadine Lipp
Satz: Fotosatz Amann, Memmingen
Druck und Bindung: GGP Media GmbH, Pößneck
Printed in Germany
KW · Herstellung: CB
ISBN 978-3-442-17834-6

Besuchen Sie den Goldmann Verlag im Netz

Der Gemeinde Buffignécourt,
der Petite Maison,
der Rue Didot
und ihren Bewohnern.

Inhalt

Inhalt

Vorwort

Nach einer vierstündigen Odyssee durch Ikea stand ich in der Selbstbedienungshalle und war völlig am Ende. Um mich herum lauter meterhoch gestapelte Kartons, die mein Ohnmachtsgefühl ins Unermessliche wachsen ließen. Ich war den Tränen nahe und bereit, der nächsten Person, die einen schwedischen Namen aussprach, eine schallende Ohrfeige zu verpassen. Dabei hatte ich mich auf diesen Ikea-Besuch gut vorbereitet. Ich hatte eine sorgfältige Liste angelegt und den Katalog quasi auswendig gelernt. Hatte mein strategisches Denkvermögen aktiviert und war felsenfest davon überzeugt, seine Effizienz gleich glänzend unter Beweis zu stellen. Aber meine Vorbereitungsstrategie hatte nicht genügt, die Mission war gescheitert. Ich befand mich im absoluten Krisenmodus und wusste nicht mehr weiter.

Immerhin gelang mir noch ein Kraftakt: Ich versuchte mich daran zu erinnern, was mir im Laufe meines Lebens in solchen Situationen geholfen hatte. Erst spielte ich mit dem Gedanken, mich einfach auf ein Bett namens Viking zu legen oder mir eine Flasche Wodka zu besorgen. Nach einem kurzen Moment des Zögerns beschloss ich, ein probateres Mittel zu finden. Und so fiel mir Spinoza ein, der bereits seit Jahren zu meinen Lieblingsdenkern gehört. In eine Ecke gekauert, stellte ich mir vor, wie er mit einem Cappuccino auf mich zukommt und ein paar aufmunternde Worte an mich richtet. Ich hörte auf zu weinen und dachte über seine Konzepte nach. Es gelang mir, Abstand zu gewinnen und meine Emotionen zu ordnen. Und dann wurde mir plötzlich bewusst, dass seine Philosophie gerade meinen Nachmittag gerettet hatte.

So entstand die Idee zu diesem Buch: zwölf Krisensituationen und zwölf Philosophen, die uns da raushelfen. Der Fokus sollte auf diesen kurzen Momenten liegen, die einem komplett entgleiten. Auf den Minuten des reinen Chaos, in denen alles zu schwanken beginnt und wir unserer Wut, unseren Tränen und Schuldgefühlen, unserem Unverständnis und unserer Scham ausgeliefert sind, kurz: auf den Momenten, in denen wir uns verlieren. Jeder kennt solche Situationen, und, glauben Sie mir, ein paar ermutigende Worte, die sich seit Jahrhunderten bewährt haben, helfen da am besten.

Es wäre doch viel zu schade, wenn die Philosophie in den Bibliotheken verstauben würde. Mein Anliegen ist, dass ihr wieder ein zentraler Platz in unserem Alltag eingeräumt wird. Sie könnte bei geselligen Abenden, in unseren Gesprächen am Arbeitsplatz und in der Freizeit und vor allem in unserem Alltag viel präsenter sein. Sie könnte wieder den Platz einnehmen, den sie jahrtausendelang innehatte, denn sie ist keine abstrakte und anspruchsvolle Theorie, sondern eine Weisheit, die uns wirklich weiterbringt. Die Philosophie ist nicht auf theoretische Kenntnisse reduziert, sondern umfasst letztlich alles, was unser Leben verbessern und erleichtern kann. Sie ermöglicht uns, das, was uns beschäftigt, mit einem gewissen Abstand zu betrachten, ganz gleich, ob es sich um anstrengende Teenager, den Tod unseres Haustiers oder das nächste Date handelt.

Die Philosophie von ihrem Podest herunterzuholen ist auch ein Akt der Würdigung, der zudem dafür sorgt, dass uns dieses so wertvolle Wissen wieder vertrauter wird. Damit wir bei der nächsten Krise einfach Aristoteles, Platon oder Kant auf einen Kaffee in unser Wohnzimmer einladen, statt in Panik zu verfallen.

Marie Robert

Spinoza bei Ikea

Oder:
Die Begierde und ihr Verdruss

Samstag, 09:54 Uhr. Sie sind mit dem tröstlichen Gefühl erwacht, die nächsten achtundvierzig Stunden ganz für sich zu haben. Zwei volle Tage puren Müßiggangs, genüsslich geschlürften Kaffees, inspirierender Lektüre, geselliger Abendessen und von Schuldgefühlen befreiter sportlicher Betätigung. Noch völlig erfüllt von der süßen Woge dieser Erkenntnis, fällt Ihnen auf, dass Billy, Ihr treues, kostbares Bücherregal, bald unter der Last der in ihm ruhenden Schätze zusammenbrechen wird. Das liegt sicher an den zwölf Meditationsbüchern, die Sie im letzten Jahr erworben haben, an den Fotoalben aus der Schulzeit, den indischen Souvenirs aus dem Sommer 1998 und den Nachschlagewerken, die bislang keine Internetseite verdrängen konnte. Die beste Lösung wäre sicherlich, das Regal auszumisten, aber Sie hängen an all diesen Dingen und wollen sich nicht von ihnen trennen. Wozu auch – es lässt sich ja problemlos weiterer Stauraum schaffen, direkt daneben, und da finden dann wunderbar die künftigen Erinnerungsstücke Platz.

Voller Tatendrang überzeugen Sie Ihren Partner, im Vergnügungstempel für Erwachsene brunchen zu gehen. Ikea. Tröstliche, vertraute Buchstaben, treue Begleiter seit ersten Studentenbudenzeiten. Warmes Holz, ausgefeilte Konzepte, auf sympathische Weise unaussprechliche Namen, schwedische Fürsorge – kurz: das perfekte Programm. Der Wagen steht vor der Tür, der Kofferraum ist leergeräumt und willig, frisch eroberte Schätze aufzunehmen. Ihnen ist nämlich aufgefallen, dass Sie nicht nur ein weiteres Bücherregal benötigen, auch das Topfsortiment könnte überholt werden, die Bettwäsche ebenso. Das TV-Möbel hat ebenfalls ausgedient, und im Wohnzimmer würde sich ein schmucker Couchtisch gut machen. Sie haben im Katalog gewissenhaft die Seiten mit den Produkten markiert, die Sie interessieren, und Sie haben den Katalog natürlich dabei, als Sie den Laden betreten. Sie lächeln glückselig angesichts all der Möglichkeiten, die sich hinter den blauen Blechwänden verbergen. Der Rundgang beginnt. Sie folgen den Pfeilen auf dem Boden, dem vorgegebenen Weg, und nehmen es hin, dass man Ihnen somit den freien Willen nimmt. In der ersten Kurve greifen Sie mit kindlicher Begeisterung nach einem kleinen Holzbleistift. Anerkennend staunen Sie über die Modellwohnungen, die unter mannigfacher Beweisführung veranschaulichen, dass es sich auf achtzehn Quadratmetern ebenso gut leben lässt wie in einem Loft und dass das Glück allein von ein paar eleganten, Stauraum schaffenden Kunstgriffen abhängt.

Lasziv schlendern Sie durch die Gänge, wobei Sie sich einer gewissen Faszination für die Bettwäsche-Abteilung nicht erwehren können. Sie ist durch ein Plakat abgetrennt, dessen Aufschrift ein Mantra oder der Ratschlag eines Familientherapeuten sein könnte: »Das Schlafzimmer? Grenzen Sie sich einfach ab, ganz ohne Wände.« In der Kinderabteilung angekommen machen Ihre Beine schlapp. Zwei Stunden schieben Sie sich jetzt schon im Schneckentempo voran. In Ihrer Einkaufstasche befinden sich ein Plaid aus Synthetikfasern, drei Päckchen Servietten mit Rentiermotiv und zwei Plastikschöpfkellen, die sich zweifellos als nützlich erweisen werden, sollten Sie eines Tages auf eine Monodiät in Suppenform setzen. Dieses unbändige Verlangen, dieser Elan, der Sie glauben macht, Ihre ganze Existenz hinge davon ab, nur jetzt nicht aufzugeben, nur jetzt bloß nicht die Lust am Geldausgeben zu verlieren, treibt Sie weiter an. Sie nehmen sich fest vor, einen Gang zuzulegen, verfallen dann jedoch dem Blick eines hinreißenden Plüschkrokodils. Der Tonfall Ihres Partners legt an Schärfe zu. »Soll das auch so enden wie das vom letzten Jahr? Im hintersten Kellereck? Ab in die Motten-WG?« Gekränkt versuchen Sie Ihren Frust zu bezwingen und rollen ihm den Wagen über die Füße. Seinen Schmerzensschrei ignorieren Sie. Dann, in einem plötzlichen Drang nach Effizienz, verlassen Sie forsch den vorgegebenen Pfad, steigen über einen dreibeinigen Designerstuhl hinweg und dringen in die Büroabteilung vor. In der Lampenabteilung läuft Ihnen vor Wut und Hitze der Schweiß runter. Auf dem Bleistift herumzukauen bringt kaum noch Erleichterung.

Nach einer kurzen Phase des ziellosen Umherirrens ist es höchste Zeit für die Abteilung mit den Aufbewahrungssystemen. Der Katalog mit den vorab gekennzeichneten Produkten ist längst verlegt, Sie haben ihn auf einem Stapel Handtuchhalter mit Fertigbausatz vergessen. Unwirsch greifen Sie wahllos nach irgendwelchen Gegenständen. Doch nichts scheint Ihren Unmut jetzt noch beschwichtigen zu können. Als Ihr Partner fragt, wer das eigentlich alles in die Wohnung hochtragen soll, stehen Sie kurz vor der Trennung und reißen mit einem Gefühl von Befreiung einen Akkuschrauber an sich. Was ist eigentlich los? Sie sind vollkommen aus dem Gleichgewicht. Die Macht, die Sie in sich aufsteigen spüren, lässt sich nicht mehr bändigen, vergeblich mühen Sie sich noch mit einer Art Vortrag über die Konsumgesellschaft ab; dabei ist jetzt, in diesem Moment, Ihre Begierde grenzenlos und ein Ende nicht abzusehen.

Das Chaos beginnt. Der Couchtisch hat Sie hinters Licht geführt, die Maße stimmen nicht. Im Hintergrund hören Sie jemanden höhnen: »Hast du das nicht ausgemessen, oder was?« Das TV-Möbel, das auf Hochglanzpapier so edel wirkte, stellt unverhohlen sein Sperrholzdasein zur Schau, und bei der tollen Garderobe stellen Sie fest, dass Sie sie bereits im Büro und in der letzten Airbnb-Wohnung gesehen haben. Sie wettern gegen die Gleichförmigkeit. Was Sie nicht daran hindert, tobend nach vier Duftkerzen Rote Früchte/Vanille, zwei weiteren Päckchen Servietten und einer Plastikpalme zu greifen und sie hastig in der gelben Einkaufstasche verschwinden zu lassen. Es ist völlig unklar, wohin Ihr Rausch Sie noch führen wird. Ihre Begleitung mustert Sie abschätzig, und als sie eine Halogenbirne in den Wagen pfeffert und diese dabei zu Bruch geht, muss Ihre eigene Verachtung keinen Vergleich scheuen. Der Kampf findet schließlich in der SB-Halle ein Ende, wo Sie inmitten der hallenhohen Regale das Gefühl vollkommener Bedeutungslosigkeit übermannt, zwischen all den Paketen, die sich auf-

reihen, so weit das Auge reicht, diesen Verheißungen abend-
füllenden linkischen Herumhantierens mit dem Inbus-
schlüssel. Die Sachen, die Sie haben wollen, liegen irgendwo
zwischen Gang B18 und Gang D24. Sie sind fest von der
nahenden Erlösung überzeugt, greifen nach dem Handy, um
die abgespeicherten Angaben abzurufen. Doch das Display
ist schwarz, der Akku ist alle. Sie können nun die Expedi-
tion von vorne antreten oder sich von dem gewünschten
Mobiliar verabschieden. Ihre Begierde wird ungestillt bleiben. Die folgenden Minuten spielen sich in einer Art Trance-
zustand ab, untermalt von Schluchzern, Schimpftiraden,
dem Gefühl der Ausweglosigkeit und einem Kassenzettel
über 236,80 Euro für Dinge, deren Nutzen im Dunkeln liegt.
Völlig ausgelaugt setzen Sie sich ans Steuer Ihres Wagens. Ihr
Partner ist kurz davor zu implodieren – dabei wollten Sie
doch eigentlich nur ein neues Bücherregal kaufen. Es ist
19:14 Uhr, Sie stecken im Stau fest und haben ausreichend
Zeit, sich Ihrer müden Beine, Ihres Schweißgeruchs, der un-
endlichen Verzweiflung und des abgrundtiefen Hasses auf
die Farben Gelb und Blau gewahr zu werden.

Was sagt Spinoza dazu?

Zugegeben: Baruch de Spinoza hat zeit seines Lebens nicht
ein einziges Mal mit dem Gedanken gespielt, ein Billy-
Regal zu kaufen. Die Begriffe Begierde, Tugend, »Not des
Menschen« und alles, was daraus folgt, waren ihm aber

durchaus vertraut, und er hat sein Bestes getan, damit Sie sich heute von Schuldgefühlen befreien können.

Im Falle einer Post-Ikea-Depression können wir mit Spinoza die Mechanismen unseres Menschseins und damit unseres Handelns begreifen. In aller Gelassenheit erläutert der Philosoph, dass jeder von uns einen »Conatus« in sich trägt. Der Begriff stammt aus dem Lateinischen und beschreibt nichts weiter als den Drang (den Impuls, die Kraft), der uns morgens aufstehen und uns des Lebens erfreuen lässt. Fassen wir zusammen, worum es in unserem Fall geht. Für Spinoza ist der Mensch Teil der von Gott geschaffenen Natur. Folglich ist jeder von uns ein Vertreter der göttlichen Superkräfte und als solcher erfüllt von einer lebhaften Energie, die direkt vom Himmel kommt. Sie zu erhalten ist allererstes Gebot, koste es noch so große Anstrengung. Denn der Conatus ist unser geschützter Bereich, er macht uns zu Geschöpfen der Natur (und nicht zu Protagonisten eines Videospiels).

Der Begriff Conatus ist unter dem Synonym Begierde eher geläufig und einer breiteren Öffentlichkeit zugänglich. Und an dieser Stelle wird Spinoza zu einem Spitzentherapeuten, wie man ihn am liebsten bei jeder Shoppingtour als Podcast im Ohr dabeihätte. Seiner Philosophie zufolge entstammen die Begierde, der Appetit, der Wille und der Drang ganz universellen Werten, die unsere wahre Natur ausmachen und uns antreiben. Dagegen anzukämpfen ist zwecklos, zeigt die Begierde doch gerade, dass wir am Leben sind. Wie sollte man sie also abschütteln? Wer begehrt, hat nicht etwa einen Makel, sondern gehört zur VIP-Riege der menschlichen Gemeinschaft. Spinoza geht sogar noch einen

Was sagt Spinoza dazu?

Schritt weiter: »Die Begierde ist das eigentliche Wesen des Menschen«, schreibt er. Logisch, dass man diese Begierde nicht einfach auf Eis legen kann, dass sie sich weder fassen noch planen lässt, denn sie ist nun mal grenzenlos. Nur der Tod kann sie aufhalten – ein etwas *zu* überzogenes Konto oder eine ohnehin schon völlig überfrachtete Wohnung sicher nicht. Die Begierde ist Zeugin unserer Lebendigkeit. Jedoch zeigt sie sich nicht einfach so, nur weil man morgens aus dem Bett kriecht, sie existiert nicht als Abstraktum, flimmert nicht durch die Luft. Im Gegenteil: Sie tritt allein in Situationen wie jener bei Ikea zutage, wenn man angesichts der niedlichen Papierservietten ins Schwärmen gerät. Die Begierde braucht schon einen gewissen Kontext, um zum Leben zu erwachen und unsere Fantasie zu beflügeln.

Werden Sie also Woche für Woche von demselben Verlangen eingeholt – etwa dem Verlangen zu reisen, dem Verlangen nach Kaffee, nach einer bestimmten Tätigkeit oder dem Erwerb eines neuen Gegenstands –, handelt es sich Spinoza zufolge nicht um die x te launische Spinnerei. Nein, es ist Ihr ganz persönlicher Conatus, der hier zutage tritt. Und es ist völlig normal, dass er sich meldet: Schließlich sind wir lebendige Wesen, und unsere Begierde trägt dazu bei, uns wach zu halten, erst sie macht uns zu ehrwürdigen Vertretern der göttlichen Natur. Nur indem er unsere Triebe analysiert, landet Spinoza ungewollt einen Volltreffer, weil es ihm dadurch gelingt, den auf uns lastenden Druck zu senken. Wir sollten uns für unser Wollen nicht mehr so geißeln – dieses Wollen ist letztlich nur Zeichen dafür, dass alles bestens läuft.

21

Spinoza bei Ikea

Und das ist nicht alles, Spinoza ist nämlich ein ausgesprochen hilfsbereiter Mensch. Und als solcher hat er auch zum Thema Tugend noch ein paar wertvolle Tipps auf Lager, die den in uns wütenden Orkan zu besänftigen vermögen. Tugendhaft sein bedeutet für Spinoza nicht, irgendwelche Detox-Kuren durchzuziehen, sich das Lästern über den neuen Kollegen zu verkneifen, nicht mehr zu Beyoncé die Hüften zu schwingen oder sich ab sofort das Betreten schwedischer Geschäfte zu untersagen. Es bedeutet, sich ernsthaft mit seinen Affekten auseinanderzusetzen, die eigene Dynamik zu begreifen und sich klar vor Augen zu führen, was man mag und was nicht. Erst dieses genaue Hinhören, das Erkennen des Wahrhaftigen und unser selbst erlaubt uns, Vollkommenheit zu erlangen und zur allseits begehrten Ausgeglichenheit zu finden. Nicht der Vernünftige ist weise, sondern derjenige, der sich selbst und seine Umgebung wahrhaftig erkennt, der zu unterscheiden vermag, was ihn weiterbringt und was ihn belastet. Begierden zu haben ist normal, sogar vorteilhaft – entscheidend ist, diese Begierden erkennen zu lernen, um weniger erregt und verärgert zu sein, sobald man sie verspürt. Der Tugendhafte legt seinem Conatus keinen Maulkorb an – er räumt ihm den Platz eines gern gesehenen Freundes ein.

Denken Sie also bei Ihrem nächsten Ikea-Besuch an Spinoza; gratulieren Sie sich zu Ihrer Lebendigkeit und zu Ihrer Fülle an Begierden. Aber nehmen Sie sich auch einen Moment Zeit und hören Sie in sich hinein: Haben Sie wirklich Lust auf das Ding, das Sie da gerade in die Einkaufstasche haben gleiten lassen? Ihr Tag wird dann ein wenig tugendhafter enden und vor allem nicht so schmerzlich sein.

Ein paar Zeilen zu Spinoza

(1632–1677)

Baruch de Spinoza, am 24. November 1632 in Amsterdam geboren, führte ein wahrlich bewegtes Leben. Weil er Ansichten vertrat, die der Glaubenslehre seiner jüdischen Gemeinde widersprachen, wurde er 1656 verbannt und war gezwungen, fortan fernab der Seinen zu leben. Erst nach seinem Tod wurde sein Hauptwerk *Ethik, nach geometrischer Methode dargestellt* 1677 publiziert und avancierte unerwartet zum Bestseller. Spinoza wollte den Menschen eine praxisnahe Philosophie an die Hand geben, durch die sie ohne großes Aufheben ihre persönliche Freiheit erlangen könnten. Als Wegbereiter der Persönlichkeitsentwicklung in der Luxusversion für Überflieger stellt sich Spinoza folgende Fragen: Was tun gegen die Affekte, die uns zu verschlingen drohen und uns von anderen entzweien? Welche Freuden und Begierden festigen unsere Persönlichkeit wirklich? Wie kann der Mensch seiner Passivität entrinnen und zu wahrhafter Aktivität finden? Diese Fragen schlüsselt er systematisch auf, wobei er zusätzlich Überlegungen zu Gott, zur Natur und selbst zur Geometrie einfließen lässt. Eines steht fest: Wer sich mit Philosophie beschäftigt, kommt an Spinoza nicht vorbei.

Das Buch für den Krisenfall

Ethik

In *Ethik* entwickelt Spinoza seine Gedanken nach streng mathematischen Prinzipien, indem er jeden Satz konsequent aus dem jeweils vorhergehenden ableitet. Der Reihe nach nimmt er Gott, die Freiheit und die Affekte unter die Lupe und entwickelt so eine ganz neue Definition von Weisheit.

Philosophie hilft!

- Die Begierde ist nichts als der Beweis unseres Menschseins. Sie ist Ausdruck der fabelhaften Lebenskraft, die uns morgens zum Aufstehen motiviert.
- Man kann nicht ankämpfen gegen die Begierde, sie ist grenzenlos und lässt sich nicht einfach unterdrücken – statt sich mit Schuldgefühlen zu plagen, akzeptiert man sie also besser gleich.
- Weisheit kommt durch Selbsterkenntnis. Es gibt nichts Verwerfliches; wichtig ist allein zu wissen, wer man ist und welchen Weg man geht – indem man lernt, in sich hineinzuhören.

Aristoteles und der Brummschädel

Oder: Aus Erfahrung lernen

Diesmal hatten Sie es doch bei allen heiligen Büchern geschworen, die Ihre Bibliothek hergibt: keinen Kater mehr, nie wieder. Ein für alle Mal sollte Schluss sein mit diesem metallischen Gefühl, das den Schädel sich so fiebrig anfühlen lässt wie ein brasilianisches Fußballstadion beim Finale der Weltmeisterschaft (nur dass der Sieg ausbleibt). Endgültig hatten Sie sich losgesagt von dem unangenehm pappigen Gefühl im Mund, der immer wieder aufsteigenden Übelkeit, den brennenden Augen, dem nicht ganz einfachen nächsten Tag. Für Ihre Freunde waren Sie längst wie eine komische Figur aus einer Serie; die Person, von der man schon vor der Party weiß, dass sie wieder lallend betonen wird, wie »un-ver-gess-lich« der Abend doch sei.

Man muss dazusagen, dass Sie es in all den Jahren ganz schön haben krachen lassen. Ihre Abstürze hatten fast etwas Heldenhaftes, Ihre Exzesse waren zu einer Lebensform avanciert, zur unaufhörlichen Neuerfindung Ihrer Jugend mitsamt nächtlich getragener Sonnenbrille und in der Garderobe liegengelassener Kreditkarte. Der Ablauf war immer derselbe; eine SMS-Lawine im Vorfeld, um den richtigen Ort, den Place to be, und die richtigen Klamotten auszuloten. Dann der Moment, in dem Sie das Haus verlassen, so lässig gekleidet, wie es nur wirklich gut organisierte Leute hinbekommen. Etwas Smalltalk zum ersten Glas, bevor es zur Sache geht und man feststellt, dass die eigene Selbstsicherheit schneller dahinschmilzt als die Eiswürfel im Mojito. Laute Musik, die Arme in die Luft gereckt, entfesseltes Johlen, klebrige Schwüle, flackerndes Licht. Saturday Night Fever pur – wen juckt da schon der Grad der Trunkenheit, wenn einen die eigene Euphorie voll im Griff hat? Im Übrigen haben Sie lange Zeit beteuert, dass Torkeln doch eigentlich auch eine Art Tanz sei. Sonntags im Morgengrauen konnte man Sie häufig dabei beobachten, wie Sie heißhungrig vor einer Fast-Food-Bude auf der Lauer lagen, bis der Laden endlich aufmachte; den Burger hätten Sie mit bloßen Händen erlegen können. Die darauffolgenden Stunden verbrachten Sie mit dem Versuch, die Lücken in Ihrer Erinnerung an den Vorabend zu schließen. Die allerpeinlichsten Momente, in denen Ihr Sinn für Humor vor lauter Übergewicht vornüberzukippen drohte, ließen Sie dabei lieber in Vergessenheit ruhen. Ihre Wochenenden glichen einer Achterbahnfahrt, auf der jugendlicher Übermut und schuldbefrachteter Niedergang einander endlos ablösten.

Und dann, eines Tages, nach dem x-ten Wochenendlooping, beschließen Sie, all das hinter sich zu lassen. Denn Sie haben das Gefühl, nun etwas Kostbares zu besitzen: Erfahrung. Sie ziehen also einen dicken Strich unter Ihren unsoliden Lebenswandel. Sie hegen keinen Zweifel mehr daran, gelernt zu haben, auf Ihre innere Stimme zu hören, und beschließen, Ihre Gelenkigkeit künftig nicht mehr dafür zu nutzen, beim Feiern halbnackt auf Tische zu klettern, sondern um Yogaübungen zu machen.

Aristoteles und der Brummschädel

Im festen Glauben an Ihre Vorsätze perfektionieren Sie nun eine gesunde Lebensführung. Priesen Sie früher ein Leben in verschwenderischer Fülle an, so stehen Sie nun für den leidenschaftlichen Verzicht auf glutenhaltige Lebensmittel. In Ihre Cocktails, die Sie um sechs Uhr morgens – vor dem Joggen und nach einer kurzen Meditation – trinken, kommt nichts als Gemüse. Selbstbewusst tragen Sie die neu erworbene Reife, Ihre wachsende Selbsterkenntnis zur Schau. Sie sind einer völlig neuen Existenz verpflichtet, einer Existenz, die sich allein von Liebe und essenziellen Fettsäuren ernährt. Zusammengekauert vor dem Fernseher verbrachte Sonntagnachmittage, die ganz im Zeichen der Verdauung der Dummheiten des Vorabends stehen, sind aus Ihrem Leben verschwunden.

Daher kann Ihnen die Einladung zu einer »*richtig* coolen Party« auch nur ein müdes Lächeln entlocken. Als würde das Leben Sie herausfordern, als böte es Ihnen die Chance, unter Beweis zu stellen, dass die Erfahrung Sie hat wachsen lassen und Sie Versuchungen heute ohne Zaudern widerstehen können, und zwar auch unter erschwerten Bedingungen. Sie nehmen die Herausforderung an – schließlich soll ruhig alle Welt wissen, wie ver-nünf-tig Sie sein können, und zwar mit genauso viel Spaß, wie die Silben im Rhythmus Ihrer Nüchternheit nachklingen. Reflexartig antworten Sie in einer besonders liebenswürdigen und besonders gut gelaunten SMS, dass Sie erstens gerne kommen und die Fete zweitens vor Mitternacht wieder verlassen werden. Denn genau das wird Ihre künftigen Samstage charakterisieren: eine weise Mischung aus heiterer Liebenswürdigkeit und der

Wahrung Ihrer Persönlichkeit. Kurz: der Inbegriff der Vernunft.

Mit zuversichtlichem Blick und der leichten Überheblichkeit dessen, der weiß, dass ihm auch die stärkste Versuchung nichts anhaben kann, betreten Sie die Bar. Sie sind ausgeglichen, es ist befriedigend, ein solches Fest einmal aus einer ganz anderen Perspektive wahrzunehmen und dabei genau unterscheiden zu können, was einem guttut und was nicht. Um 23 Uhr stecken Sie mitten in einer Diskussion über die neuesten Diättrends und haben nichts an Frische und Hochstimmung eingebüßt. Um 23:30 Uhr, als Sie sich gerade anschicken, Ihre Sachen aus der Garderobe zu holen, treffen Sie überraschend auf einen alten Bekannten, der Ihnen in Erinnerung an »die gute alte Zeit« ein Gläschen hinhält. Etwas Nachdruck und eine kurze Verhandlung zwischen Ihnen und Ihrem Verstand lässt Sie schließlich zu dem Schluss kommen, dass ein einziger Gin Tonic Ihre guten Vorsätze wohl kaum über Bord werfen kann. Ein paar Schlückchen haben schließlich noch keinen Sonntag gefährdet. Als Sie sich um ein Uhr morgens mit fünf anderen in ein Taxi zu einem nicht weiter benannten Ort quetschen, reden Sie sich noch ein, dass sich Ihr Detox-Programm diese Woche ja auch über eine Schwitzkur absolvieren lässt. Um drei Uhr morgens stehen Sie auf einem Tisch, schmettern einen Sommerhit und leeren die übriggebliebenen Gläser. Um vier Uhr haben Sie keinen Schimmer mehr, wo Sie wohnen. Um fünf Uhr sind auch Ihre letzten Vorsätze begraben.

Auf den Samstagabend folgt der Sonntagmorgen. Es ist 14:02 Uhr, und Sie liegen im Bett mit dem abscheulichen

Gefühl, doch wieder in die alte Falle getappt zu sein und jämmerlich versagt zu haben. Ihr Kopf dreht sich, eine hartnäckige Übelkeit hat Sie fest im Griff. Sie haben Ihr Versprechen an sich selbst gebrochen, sind Ihren alten Dämonen wiederbegegnet und in den unergründlichen Morast der Schuldgefühle eingetaucht. Die vermeintlich durch Erfahrung gewonnene Weisheit hat sich in den Drinks des gestrigen Abends verflüchtigt. Sie haben es nicht geschafft, auf sich selbst zu hören. In Ihrem Kopf klirren immer noch die Gläser und erinnern Sie auf brutale Weise daran, dass es eine Wahl zu treffen gilt zwischen Trinken und Weiterkommen. Ihnen ist kotzübel, Sie sind müde, fühlen sich schuldig und würden alles dafür geben, die Zeit zurück drehen zu können und den gestrigen Abend daheim mit einem Dokumentarfilm zu verbringen.

Was sagt Aristoteles dazu?

Es ist nicht überliefert, ob Aristoteles gerne gefeiert hat. Was man hingegen mit Sicherheit weiß, ist, dass einer der bekanntesten Philosophen der Antike ein Experte in Sachen Selbstwertgefühl und Lebensweise war. In seiner Schrift *Nikomachische Ethik* wollte er herausfinden, welche Art des Handelns die beste ist. Seine Philosophie ist ein praktischer Leitfaden, seine Ethik eine ergebnisorientierte Moral. Kurz: Aristoteles fragt nach dem Sinn des Lebens. Und ist dieser Sinn gefunden, gibt er uns auch gleich die passenden Werkzeuge an die Hand, wie wir ihn erreichen können. Ein etwas *zu* alkoholisierter Samstagabend kann wohl weder als Zweck an sich noch als besonders empfehlenswerter Zustand betrachtet werden; und doch kann es Aristoteles zufolge gelingen, aus diesem jämmerlichen Augenblick Erfahrung zu schöpfen – und sich somit dem Weg der Vernunft zu nähern. Denn jeder einzelne Moment, und sei er noch so demütigend oder enttäuschend, ist einfach nur eine weitere Etappe auf dem Weg zur Selbsterkenntnis. Kein Wunder, dass derart tröstliche Gedanken ganze zweieinhalbtausend Jahre Schuldgefühle überdauert haben.

Aristoteles' Antwort auf die Frage, wovon wir uns in unserem Handeln leiten lassen sollten, hätte auch auf wenigen Zeilen Platz finden können. All unser Handeln lässt sich ihm zufolge zusammenfassen mit dem Streben nach dem Guten. Dieses »Gute« ist bei Aristoteles kein Ideal, das man nur schwer erreichen kann. Im Gegenteil, das Gute ist hier schlicht das Glück. Der ethische Grundsatz wäre also, sich mit sich selbst wohlzufühlen. Tugendhaft zu sein würde nicht bedeuten, zu Hause zu bleiben, wenn alle anderen feiern gehen, sondern sich selbst ermöglichen, glücklich zu sein. Während der Begriff der Tugend im allgemeinen Sprachgebrauch eher mit einer gewissen Verklemmtheit assoziiert wird, geht es bei Aristoteles darum, gut zu sich zu sein.

Dieses erstrebenswerte Glück liegt für Aristoteles aber nicht in körperlichen oder gesellschaftlichen Freuden; ihm geht es um das seelische Glück, um das Glück des Vernünftigen, der beherzt, gemäßigt und gelassen dem Weg der goldenen Mitte folgt. Wahrhaftes Glück besteht unabhängig von den Unwägbarkeiten der äußeren Welt; es liegt in uns selbst. Nur: Wie findet man es?

Zunächst einmal braucht man Zeit. In die Tiefe gehen zu können erfordert ein solides Training. Echtes Glück erreicht man nur durch Tugendhaftigkeit, und diese eignet man sich nicht mit einem Fingerschnipsen an. Sie entwickelt sich durch Erlebnisse, durch das, was man gemeinhin als Lebenserfahrung bezeichnet, die sich wiederum aus lauter Einzelerfahrungen speist. Und da wären wir auch schon beim nützlichsten aller Werkzeuge: Nur, indem man das Leben auch lebt, indem man durch positive wie negative Zustände geht, kommt man der Welt und sich selbst allmählich auf die Spur. Nur so lernt man mit der Zeit, auf den eigenen Verstand zu hören. Unser Sonntagsbrummschädel hat auch etwas Nützliches, weil er uns etwas lehrt. Er bringt uns einen Schritt weiter, und so nähern wir uns immer mehr dem Zustand an, in dem wir uns gut fühlen. Im besten Fall bringt uns die Lebenserfahrung dazu, von Party zu Party ein Gläschen weniger zu trinken und zu erkennen, dass es nach zwei Cocktails allmählich an der Zeit ist, ins Bett zu gehen oder auf alkoholfrei umzusteigen. Erfahrung wächst, wenn wir auf unsere innere Stimme hören und etwas Geduld haben, während wir uns an die kleinen Siege des Alltags klammern.

Tugendhaftigkeit ist eine Lebenshaltung, es geht hier nicht um punktuelles Handeln. Schuldgefühle machen uns wohl kaum zu besseren Menschen – die Erfahrung aber, die wir aus unseren Erlebnissen und unserem Verdruss ziehen, hat durchaus das Potenzial dazu. Die Sache ist aber nicht mit ein paar schnell gefassten Vorsätzen und ein paar Einschränkungen getan. Lebenserfahrung speist sich vielmehr stetig aus unseren Erlebnissen, sie wird zu keinem Zeitpunkt »fertig« sein, sie ist kein Fixpunkt, sondern der Weg, der beharrlich unser Schicksal schmiedet. Es geht nicht darum, perfekt zu sein – es geht darum, nicht immer wieder in dieselben Fehler zu tappen, es geht um eine kontinuierliche Weiterentwicklung.

Für Aristoteles liegt die Tugend zwischen Erkenntnisgewinn und Handeln. Wer weiterkommen will, muss sich bewegen, muss sich den Dingen stellen, muss etwas wagen, auch wenn das bedeutet, mal über die Stränge zu schlagen und danebenzuhauen. Es geht um den Willen, »gut« zu handeln, der im besten Fall irgendwann zur Normalität wird: »Wir sind, was wir ohne Unterlass wiederholen. Wir brillieren nicht in einzelnen Handlungen, sondern die Kraft der Gewohnheit lässt uns gut werden«, sagt Aristoteles. Wenn Sie also das nächste Mal zu einer Party eingeladen sind, bleiben Sie bloß nicht daheim auf dem Sofa – aber vermeiden Sie die immer gleichen Fehler, lehnen Sie den Gin Tonic dankend ab und geben Sie acht auf sich, indem Sie darauf setzen, dass der tugendhafte Weg immer noch der beste ist, um einem entspannten Sonntagmorgen entgegenzusteuern.

Ein paar Zeilen zu Aristoteles

(384–322 v. Chr.)

Aristoteles wurde 384 v. Chr. auf einer Insel der Kykladen geboren. Bereits als Jugendlicher begann er eine philosophische Ausbildung und trat im Alter von siebzehn Jahren in Platons Akademie ein. In Gesellschaft der besten griechischen Denker schärfte er seinen Verstand und wurde zum Lehrer Alexanders des Großen. Er war sehr schlagfertig, distanzierte sich bald von Platon und eröffnete eine eigene Einrichtung, die er Lykeion nannte. Um den Geist in Bewegung zu halten, dachten er und seine Schüler im Gehen. Aristoteles kam mit den unterschiedlichsten Konzepten in Kontakt, er beschäftigte sich mit einer Vielzahl von Themen aus so unterschiedlichen Bereichen wie Ethik, Logik, Politik, Medizin und Physik. Die Ideenwelt war sein Reich. Sogar den Luxus, selbst die Grundlage für einige dieser Gebiete zu ersinnen, ließ er sich nicht nehmen. Kein Wunder, dass ein solcher Überflieger sowohl in der christlichen als auch in der arabischen Tradition übersetzt und interpretiert wurde und man sich nach wie vor auf der ganzen Welt auf ihn bezieht und sein Werk studiert.

Das Buch für den Krisenfall

Die Nikomachische Ethik

Worin besteht das höchste Gut? Im Glück – wobei sich die Mittel, es zu erlangen, von Mensch zu Mensch unterscheiden, wie Aristoteles aufzeigt; und das lässt sein Werk auch heute noch brandaktuell sein.

Philosophie hilft!

- Der Sinn unseres Daseins ist das Glück, das sich in ganz unterschiedlichen Ausprägungen zeigen kann, etwa durch Vergnügen, Ehre, Ruhm etc. Das wertvollste Glück aber ist das innere, das von äußeren Faktoren unabhängig ist.
- Glück erlangt man nur durch Tugendhaftigkeit – und die zu erlernen braucht Zeit.
- Der wichtigste Schlüssel zum Glück liegt in der kontinuierlich wachsenden Erfahrung. Nur durch eine aktive Teilnahme am Leben, durch Handlung und Irrtum, entdeckt man seine wahre Natur und setzt seinen Verstand zweckmäßig ein.

Just do it, Nietzsche

Oder:
Eine Frage der
Selbstüberwindung

Wie oft haben Sie sich schon die Zielgerade vorgestellt? Sie haben den ganzen Ablauf im Kopf: Die Gelenke sind unter Hochspannung, die Muskeln brennen, der Blick ist auf den Horizont gerichtet, Sie haben Schweißtropfen auf der Stirn, ein Schritt noch, dann noch einer, Schmerz spüren Sie längst keinen mehr. Und dann, endlich, die Ziellinie, Ihre Knie schlagen auf dem Boden auf, in Ihren Ohren dröhnen die Jubelrufe von den Tribünen, der *We-are-the-Champions*-Refrain passt sich diskret dem Rhythmus Ihres Herzschlags an, Ihr Körper fühlt sich befreit an, und Sie lassen sich in die Umarmung der Teamkollegen fallen. Die Szene endet in Ihrem Kopf häufig mit einer langgezogenen Sequenzaufnahme eines Interviews, das Sie geben und bei dem Sie die Bescheidenheit eines echten Helden ausstrahlen, der aus seinem Sieg eine reine Formsache macht.

Seit Sie laufen können, träumen Sie davon, ein triumphierender Sportler zu sein. Hunderte Male haben Sie sich mit geschlossenen Augen eine legendäre Karriere ausgemalt, sich zum Rekordhalter der gesammelten Kilometer wie der Sponsoren fantasiert. Eines Tages dann hat sich diese Idee in Ihrem Kopf eingenistet, bis Sie sich schließlich zu der Entscheidung durchrangen, Ihren Traum wahr werden zu lassen: Sie würden den ersten Marathon Ihres Lebens laufen.

Als Sie das Anmeldeformular ausfüllten, hatten Sie das Gefühl, einen großen Sprung über die Hürde Ihrer Trägheit und Ihrer Bedenken zu machen. Letztlich fehlten Ihnen nur gute Laufschuhe, um sich der größten Herausforderung Ihres Daseins zu stellen, der äußersten Form der Selbstüberwindung.

Völlig elektrisiert von Ihrem Beschluss stehen Sie in den Startlöchern für die Vorbereitungsphase; neun Monate vor dem großen Rennen steht Ihr Trainingsplan, wie es unter Läufern heißt. Sie haben sich intensiven Recherchen hingegeben, folgen sämtlichen Facebook-Seiten, die Sie zum Thema finden konnten, und lesen mit Erstaunen die Tipps zur Anwendung von Energie-Gels. Sie haben einen Vergleich der unterschiedlichen Sohlentypen angestellt und mehrere Samstage bei einem auf empfindliche Sehnen spezialisierten Fachverkäufer verbracht, um die Feinheiten Ihres Laufstils auszuloten. Sie wollen der Beste sein. Aber vor allem legen Sie eine eiserne Disziplin an den Tag, bringen Opfer für Opfer und gehen kaum noch aus.

Innerhalb weniger Monate verspüren Sie angesichts Ihrer zunehmenden Leistungsfähigkeit ein bislang unerreichtes Gefühl von Stolz. Mehr noch als Ihr Quadrizeps hat sich Ihr Ego aufgeblasen. Sport haben Sie zwar immer schon gemacht, und dass die Anstrengung ebenso mühsam ist wie lohnenswert, war Ihnen auch klar, aber hier ist noch etwas anderes im Spiel. Mit jedem längeren Laufabschnitt dopen Sie Ihr Selbstvertrauen, fühlen Sie sich sicherer, über alle Zweifel erhaben und in der Lage, die ganze Welt zu Ihrem Spielfeld zu machen. Ihr Körper scheint stetig an Kraft zuzulegen und Ihr Geist an Bestimmtheit. Am Ende der Vorbereitungsphase ist das Gefühl, in Bewegung zu sein, die eigenen Grenzen immer weiter zu verschieben, zur täglichen Notwendigkeit geworden. »Ich laufe, also bin ich« lautet Ihr Mantra, bestärkt durch die Ergebnisse auf Ihrer Smartwatch.

Neun Monate sind vergangen, und Sie sind optimal vorbereitet auf den großen Lauf. Die Route ist einstudiert, die speziell erstellte Motivations-Playlist fertig, die Schuhe perfekt angepasst. Aber dann, als Sie nur noch wenige Schritte vom Höhepunkt Ihrer Leistungsfähigkeit entfernt sind, scheinen Ihre Bewegungen plötzlich von einer seltsamen Schwere erfasst. Ihr verspannter Rücken zwingt Sie zu einer befremdlichen Haltung, die weit entfernt ist von der eines griechischen Kriegers. Kein Mentholgel verschafft Erleichterung. Wenn Sie sich die Schuhe binden, wird Ihnen schwarz vor Augen. Sie spielen in keinem Actionfilm mehr mit, sondern in einer Krankenhausserie. Auf der Suche nach dem Grund des Übels entdecken Sie die inakzeptable Wahrheit. Der Befund ist niederschmetternd, und Ihrem Leiden vermag kein noch so rigoroses Training und kein noch so ausgefeiltes Equipment beizukommen: Sie sind Opfer Ihres eigenen Lampenfiebers. Stress und Panik stürmen auf Sie ein. Sie fühlen sich schwach, ohnmächtig, wie ein Hochstapler, die alten Ängste haben Sie wieder fest im Griff. Kurz: Wenn Sie die Ziellinie wie geplant unter tosendem Beifall durchlaufen wollen, statt Ihren Traum in den Wind zu schießen, müssen Sie schleunigst zu Ihrem Siegergeist zurückfinden. Sie brauchen dringend ein Coaching.

Was sagt Nietzsche dazu?

Es fällt schwer, den schwächlichen und gesundheitlich angeschlagenen Nietzsche mit Sport oder gar mit muskelbepackten Athleten zu assoziieren. Und doch hat sich Nietzsche intensiv mit dem Thema der Selbstüberwindung beschäftigt.

Wer eine Coaching-Stunde bei Nietzsche buchen will, sollte sich vorab auf eine kleine Reise durch die Entwicklungsgeschichte seines Denkens einlassen. Ausgangspunkt ist eine heftige Kritik am Christentum, die sich durch sein gesamtes Werk zieht. Durch ihre alleinige Konzentration auf das Gebet erhebe die Religion den Himmel über die Erde, so Nietzsche. Dadurch lenke sie uns von unserem eigentlichen Leben ab, sie lasse uns dem Alltag keinen Wert beimessen, denn wer die ganze Zeit nach oben blickt, der verbummelt seine irdische Existenz hier unten. Da das Christentum immer mehr an Boden verliere, sei dieser Zustand aber in Auflösung begriffen; Nietzsche geht sogar so weit zu behaupten, »Gott ist tot«. Damit will er nicht sagen, dass niemand mehr an Gott glaubt – aber unsere Werte, die Prinzipien, auf die wir unser Handeln gründen, basieren nicht mehr auf dem Glauben, wir ordnen uns keiner festgelegten Moral mehr unter. Das Problem dabei: Ist der Mensch erst aus dem System ausgestiegen, das ihn zwar gewissen Zwängen unterworfen, ihm aber auch Sicherheit gegeben hat, ist er auf sich selbst gestellt. Das Gerüst, auf das sich die Gesellschaft so lange stützte, bricht in sich zusammen – und das hat Folgen.

Was sagt Nietzsche dazu?

Der Verlust der bislang geltenden Werte führt Nietzsche zufolge zum Nihilismus – ein Begriff, der häufig fälschlicherweise mit »Zerstörung« gleichgesetzt wird. Nietzsche verwendet ihn aber viel subtiler und differenzierter. Zudem unterscheidet er zwischen zwei Formen. Da ist zunächst der passive Nihilismus, der Wozu-soll-das-eigentlich-alles-gut-sein-Nihilismus. Seiner Struktur beraubt, fehlt dem Menschen die Kraft, überhaupt noch an etwas zu glauben; ihm fehlt der Antrieb, neue Prinzipien aufzustellen, neue Werte zu etablieren. Diese Form des Nihilismus gilt es zu bekämpfen, führt sie doch zu kompletter Untätigkeit, zu einem Aufweichen der eigenen Persönlichkeit. Daneben gibt es den aktiven Nihilismus, den Nietzsche in *Also sprach Zarathustra* beschreibt. Hier wird es interessant. Da Gott tot ist und uns die alten Werte abhandengekommen sind, müssen eben neue Werte geschaffen werden. Und genau hier beginnt für Nietzsche die spannende Arbeit des Wiederaufbaus. Damit eine neue Moral entstehen kann, müssen zunächst das Sein an sich sowie das irdische Dasein eine Aufwertung erfahren, schließlich waren beide lange genug durch die führenden religiösen Kreise zu einem Schattendasein verdammt. Und um so richtig anzukommen im irdischen Leben und sich in Erinnerung zu rufen, was Menschsein eigentlich bedeutet, gibt es nichts Besseres, als das Leben auf höchster Flamme zum Kochen zu bringen. Aus dieser Warte betrachtet, stellt eine echte Herausforderung natürlich die absolute Krönung dar.

Nietzsche zufolge wohnt jedem Menschen eine Energie inne, die ihn gleich einem Motor antreibt und stetig voranbringt. Diese Energie bezeichnet er als Wille zur Macht: »Das Leben selbst gilt mir als Instinkt für Wachsthum, für Dauer, für Häufung von Kräften, für Macht: wo der Wille zur Macht fehlt, giebt es Niedergang.« Auf ebendieser Macht – Macht im Sinne von Kraft, wie sie beispielsweise im Sport Ausdruck findet – basiert der aktive Nihilismus. Nur mithilfe dieser Macht kann es gelingen, neue Werte aufzustellen. Das Lampenfieber, das einen kurz vor einem Wettkampf oder einer Prüfung packt, die Versuchung, angesichts des Hindernisses klein beizugeben, gehören dagegen dem passiven Nihilismus an, der Antriebslosigkeit, die einen schwächt und am Ende doch lieber zu Hause bleiben lässt. Wer sich aber der Herausforderung stellt, wer in Bewegung ist, der bringt seine Kraft zum Ausdruck, der zeigt, dass er lebt.

Aber es reicht nicht aus, den Willen zur Macht nur zu erhalten, es gilt, ihn im nächsten Schritt kontinuierlich zu stärken, ihn zu fordern, denn nur, wer diese inhärente Kraft ohne Unterlass trainiert, kann das Stadium des »Übermenschen« erreichen. Dieser Übermensch ist bei Nietzsche nicht eine Art perfekter oder aufgrund seiner Gene »auserwählter« Mensch, sondern vielmehr ein anzustrebendes Ideal, das man erreicht, indem man alle Kraft und alles Lobenswerte aus sich herausholt. Wer zum Übermenschen werden will, lernt, sich selbst zu übertreffen. Indem wir alles daransetzen, über unsere Ängste, unsere Gewohnheiten, unsere Komfortzone hinauszugehen, setzen wir die uns innewohnende Lebenskraft frei. Nur so können wir die Freuden unseres Daseins steigern und hinter uns lassen, was uns schwächt. Und auf einmal zeigen sich Werte, von denen wir gar nichts wussten: Freude, Gewissenhaftigkeit, Mut, Durchhaltevermögen. Diese Werte fallen nicht vom Himmel, sie kommen aus uns selbst. Herausforderungen, wie etwa ein Marathonlauf, bieten also den perfekten Schauplatz, um die Erneuerung unserer Prinzipien zu feiern, um das hartnäckige Ringen unseres aktiven Nihilismus zu spüren. Lassen wir den Müßiggang, die Gleichgültigkeit, die Angst hinter uns und geben wir dem Leben die Chance, die Oberhand zu gewinnen.

Auch wenn dieses beständige Ringen durch viele Turbulenzen führt und der passive Nihilismus Sie hin und wieder einholt – geben Sie nicht auf! Das Schlimmste haben Sie hinter sich, jetzt müssen Sie nur noch leibhaftig leben, was Sie sind, sprich: Holen Sie das Beste aus sich heraus. Denken Sie an den Film in Ihrem Kopf, blicken Sie auf Ihre Füße statt in den Himmel, und werden Sie verdientermaßen zu dem Übermenschen, der Sie sein wollen.

Ein paar Zeilen zu Nietzsche

(1844–1900)

Friedrich Nietzsche wurde 1844 im preußischen Röcken geboren. Er war ein hervorragender Schüler, wurde jedoch von existenziellen Ängsten geplagt. Angetrieben von einem enormen Wissensdurst entdeckte er seine Leidenschaft für die Poesie und durchlief die führenden einschlägigen Einrichtungen, bis er schließlich als gerade mal Vierundzwanzigjähriger als Professor für klassische Philologie an die Universität Basel berufen wurde. Mit Hingabe tauchte er in Texte alter Sprachen ein, um sie detailversessen zu analysieren. Er begeisterte sich für die griechische Antike, in der er eine unschätzbare Inspirationsquelle für seine Zeit erkannte. Die Idee, eine moderne Version der deutschen Kultur zu erschaffen, ließ ihn nicht mehr los; er publizierte mehrere Werke, in denen er das Christentum und die herkömmliche Moral aufs Schärfste angreift, denn er sah in beiden den Ausdruck permanenter Einschränkung und eine Negierung des Lebens. In seinen letzten zehn Lebensjahren war er schwer krank; er verfiel dem Wahn und erlitt Anfälle geistiger Umnachtung.

Das Buch für den Krisenfall

Also sprach Zarathustra

Nach einem temporären Einsiedlerdasein kehrt Zarathustra, Dichter und Poet, zu den Menschen zurück und bestärkt diese darin, von allem abzulassen, was sie als Leid empfinden, und sich nur noch dem wirklich Gewollten hinzugeben. Wer nach einer vorgefertigten Moral zu leben strebt, riskiert, dass Begierde, Schaffenskraft und Freude auf der Strecke bleiben. Der Übermensch dagegen ist in der Lage, sein eigenes Bauchgefühl wahrzunehmen und ihm zu folgen.

Philosophie hilft!

- Statt einfach die vorgefertigten Werte anderer zu übernehmen, gilt es, eigene Werte zu definieren und auf sein Bauchgefühl zu hören.
- Jeder Mensch trägt eine Energie in sich, die fortwährend nach Wachstum strebt.
- Übermenschen zeichnen sich nicht durch Heldentaten aus, es geht vielmehr darum, über sich selbst hinauszuwachsen, um zu sein, wer man wirklich sein möchte.

Keine Breaking News in Epikurs Garten

Oder:
Ethik der Achtsamkeit

Um alle Anspannung einer anstrengenden Arbeitswoche loszuwerden, geht doch nichts über ein gemeinsames Wochenende mit Freunden. Es ist Freitagabend, und noch im Feierabendstau deklinieren Sie zwischen Hupkonzerten und Schwaden von Autoabgasen das volle Programm der Entspannung durch. Gestreifte Liegestühle, eine inspirierende Lektüre, Vormittage, die so dehnbar sind wie ein Yogameister, leckeres Essen und packende Diskussionen. Sie sind reif, in eine andere Welt abzutauchen. Eine Welt ohne abzuarbeitende Unterlagen und Supermarkteinkäufe, in der der wahre Luxus irgendwo zwischen Ruhe und Genuss liegt. Ihre Urlaubsreife duldet keinen Aufschub mehr. Die Hände am Steuer, loben Sie die Initiative der Organisatoren dieses Wochenendes, und in jedem Ihrer Blicke auf die Wegweiser am Straßenrand liegt eine ordentliche Prise Dankbarkeit. Wie üblich haben Sie das Radio ausgeschaltet, um dem Stress der Dauermeldungen zu entgehen. Da ist Ihnen die heitere Melodie Ihrer freudvollen Gedanken doch bedeutend lieber. Als Sie spät abends im bereits stillen Haus ankommen, sind Ihr Herz und Ihr Koffer bis zum Rand mit Liebe gefüllt. Ihre müden Knochen verlangen nur noch nach einem kuschligen Plätzchen inmitten wärmender Decken, die sich so wohlig anfühlen wie die Aussicht auf die bevorstehenden zwei Tage. Beim Einschlafen haben Sie nur noch einen Wunsch: dass Ihr Geist zur Ruhe kommen und die Farbe der Bäume in sich aufsaugen möge, die frische Luft, das Nichtvorhandensein von Aufregung und Ärgernis.

Und so erscheinen Sie am nächsten Morgen mit einem strahlenden Lächeln am Frühstückstisch, froh, auf Ihre Freunde zu treffen. Ihr Lächeln verkommt zu einem verzerrten Grinsen, als Sie bemerken, dass die meisten noch vor sich hindösen oder schon wieder am Handy hängen. Bei einer Tasse Kaffee oder Tee werden die jüngsten, per Daumen weitergewischten Neuigkeiten kommentiert, ein Biss vom Butterbrot und ab ins nächste Drama, in einer Lebhaftigkeit, wie man sie sonst nur vom Kaffeehaus kennt. Noch vor der ersten Tasse Tee sind Sie bereits über zwei Flugzeugabstürze und das Schicksal eines gestrandeten Delfins in Kenntnis gesetzt worden – von dem halben Dutzend Skandalen aus der Politik- und Finanzwelt ganz zu schweigen. Obwohl Sie schon merken, wie Ihre Seele sich unter der Last der für die Uhrzeit einfach zu trostlosen Nachrichten zusammenkrümmt, halten Sie die Laune hoch. Sie sind hier schließlich unter Menschen, die Sie mögen, und klar, der morgendliche Run auf die Nachrichten ist sinnlos, aber das wird Ihnen ja wohl nicht gleich das Wochenende vermiesen.

Bei der Zubereitung des Mittagessens verschärft sich die Lage, als Ihr Freund aus Kindheitstagen in aller Ausführlichkeit die Risiken aufzählt, die sehr wahrscheinlich mit dem Verzehr des gemischten Salats einhergehen werden. Üppig gewürzt mit komplizierten Begriffen, reichlich Terminologie aus dem Feld der chemischen Elemente und Be-

legen aus dem Internet zeichnet er das paranoide Bild einer
Mahlzeit, die er, ihrem harmlosen Aussehen zum Trotz, zu
einer Art Serienmörder macht. Die Angst vor der Welt hat
die archaische Angst vor den Göttern abgelöst. Kein Thema,
das nicht Anlass zur Sorge böte. Beim Zuhören spüren Sie,
wie sich Übelkeit in Ihrem Magen breitmacht. Oder sitzt
die Übelkeit nur im Kopf? Nachdem Ihnen auch der letzte
Rest Appetit vergangen ist, brechen Sie mit einem anderen
Freund zu einem Spaziergang auf, haben allerdings vergessen, dass er einen Hang zu Verschwörungstheorien hat. Und
so entwirft dieser zwischen zwei tiefen Atemzügen am Meer
ein komplexes Gebilde verschwurbelter Hypothesen, die be-
weisen sollen, dass Außerirdische, und das sei wirklich tod-
sicher, im Besitz der Codes für Nuklearwaffen sind. Ihnen
geht die Luft aus, gegen den drohenden Erstickungstod hilft
auch der jodhaltige Sprühnebel des Meerwassers nicht mehr.
Sicher ist nur eines, Ihr Nacken ist steif, und Sie haben ste-
chende Kopfschmerzen, und das liegt nicht an irgendeiner
Verschwörung, sondern an dem Schwall giftiger Worte, die
auf Sie einprasseln. Als es Zeit für den Aperitif wird, sind Sie
gänzlich von der Horrorvorstellung eingenommen, wie Ihre
Freunde im Rausch der Newsticker festhängen, benebelt
vom unablässigen Strom der Kurznachrichten, Alarm an
allen Fronten, wie sie sich unter dem Vorwand, sich »auf
dem Laufenden« zu halten, in den Bann der Bildschirme ziehen lassen und von einer im Dauerleid und in permanenter
Gefahr gefangenen Zivilisation berichten. All dem gegenüber sind Sie völlig machtlos. Im Eingangstempo der süchtig
machenden Schreckensstorys klirren die Gläser aneinander.

Statt Empathie für die Opfer der Geschichten zu empfinden, stürzen Sie in ein Tal der Hilflosigkeit, das jedes Glück zunichtemacht.

Dazu muss man wissen, dass Sie sich schon vor geraumer Zeit angewöhnt haben, auch auf der Straße den Schlagzeilen der Presse aus dem Weg zu gehen. Da betrachten Sie doch viel lieber das Detail einer Fassade oder verlieren sich im Anblick eines hübsch beleuchteten Foyers. Sie haben das starke Bedürfnis, Ihre Psyche vor hektischen Bildschirmen, alarmierenden Neuigkeiten und apokalyptischen Tweets abzuschirmen. Dazu haben Sie sich im Laufe der Zeit das Geschick eines verbalen Seiltänzers angeeignet und verstehen es, Gespräche über potenziell von den Medien breitgetretene Themen gekonnt zu umgehen. Aber hier haben Sie wohl die Deckung aufgegeben. An diesem Samstagabend, als Sie bis zum Hals im Vollbad der unablässigen Breaking News stecken, hat es Ihnen die Sprache verschlagen. Es fällt Ihnen schwer zu erklären, warum Sie sich so kategorisch weigern, sich von Sorge und Stress aufputschen zu lassen, ohne wie ein Egoist dazustehen, der die Augen verschließt vor dem Leid der Welt. Auf einmal vermissen Sie beinahe den Stau, die Hupkonzerte, die Abgase um Ihren Wagen herum, in dem Sie wie in einer Blase sitzen, in der es so friedlich und still ist wie in Ihrem Traum von einem idyllischen Garten. Wenn sich jetzt keine geschickte Strategie findet, um das restliche Wochenende gut zu Ende zu bringen, werden Sie in irgendeiner stillen Ecke enden und nur noch darauf warten, dass es endlich vorbei ist.

Was sagt Epikur dazu?

Beim Stichwort Epikureismus hat man schnell das Titelblatt einer Wochenzeitschrift über die Freuden des Sommers vor Augen. Weil Epikur angeblich ein so hohes Loblied auf Genuss, Erholung, ja sogar auf Ausschweifungen gesungen hat, wird er von der Nachwelt als Guru des einfachen Lebens und der Vergnügungen gehandelt. Spricht man von jemandem als Epikuräer, ist damit aber keineswegs ein Lebemann gemeint, der ein bisschen zu gerne isst und trinkt. Es stimmt schon, dass sich der griechische Philosoph in seinen Garten zurückzog, um sich dort in aller Ausführlichkeit dem Denken zu widmen, und dass er seine Sitzungen für ein so breites wie heterogenes Publikum öffnete. Dennoch war seine Doktrin weit davon entfernt, einen ausschweifenden Lebensstil zu propagieren. Im Gegenteil: Epikur geht es zwar darum, *gut* zu leben – aber von einem solchen guten Leben hat er auch eine sehr genaue Vorstellung.

Von seiner antiken Chaiselongue aus will Epikur kein Konzept, sondern eine Lebensweise definieren. Die Weisheit der alten Griechen umfasst stets den ganzen Menschen. Philosophieren bedeutet nicht, sich ein paar Kenntnisse anzueignen, um auf Dinnerpartys als intellektuell rüberzukommen oder mit komplizierten Zitaten um sich zu werfen. Den Hellenisten im Allgemeinen und Epikur im Besonderen geht es vielmehr darum, dass wir durch Philosophie zu besseren Menschen werden, dass wir uns weiterentwickeln und, da sind wir wieder, dass wir glücklich sein dürfen. Und Glück hat bei Epikur in erster Linie mit Ruhe zu tun: die Ruhe genießen, eine gute Zeit mit seinen Freunden verbringen, sich über seine Gedanken und die Natur freuen, ohne den Geist unnötigerweise mit Katastrophendenken zu belasten oder in Alarmbereitschaft zu versetzen.

Glück ist für Epikur alles, was einen nicht in Aufregung versetzt. Glück bedeutet, weder körperliches Leid zu verspüren – ein Zustand, der als *Aponia* bezeichnet wird – noch seelisch unruhig zu sein (*Ataraxie*). Körperliche und seelische Ruhe, *Aponia* und *Ataraxie*, sind die beiden unerlässlichen Voraussetzungen, um sich gut zu fühlen. Ist ja auch einleuchtend: Wer sich unter einer Magenverstimmung zusammenkrümmt, wird sich kaum am Höhepunkt der Heiterkeit befinden, genauso wenig, wenn er gerade beim Gedanken an eine mögliche Invasion der Marsbewohner einen Panikschub erleidet. *Aponia* und *Ataraxie,* das ist das nette Pärchen, mit dem man gerne mal in den Urlaub fahren würde. Das Problem ist nur, dass die beiden, wie alle netten und angenehmen Zeitgenossen, ziemlich ausgebucht sind.

Damit dem perfekten »Glücksprogramm« nichts in die Quere käme, erstellte Epikur aus taktischen Gründen eine Liste mit Hindernissen, die dem angestrebten Frieden im Weg stehen. Auf der Pole-Position der Spielverderber ganzer Tage, ganzer Wochenenden, ja, des Lebens, landete sehr schnell die Angst in all ihren Facetten: Angst vor dem eigenen Schicksal, Angst vor dem Tod, Angst, auf emotionaler Ebene zu leiden, Angst, nicht glücklich zu werden. Zweitausenddreihundert Jahre später kämpfen wir uns immer noch durch diese Turbulenzen, nur mit dem Unterschied, dass das Spektrum unserer Ängste um den Medienhype erweitert ist und unsere Sorgen Einzug in die erweiterte Realität gehalten haben. Wie soll man da einen klaren Kopf behalten? Epikur ist ganz kategorisch: Um aus der Angstspirale auszusteigen und zur Heiterkeit zurückzufinden, muss man sich zunächst einmal die Zeit nehmen, in aller Ruhe über seine Ängste nachzudenken, man muss sie beobachten, muss verstehen, woher sie kommen, und schließlich unterscheiden, welche Ängste vermeidbar sind und mit welchen man leben muss.

In eben diese beiden Kategorien teilt Epikur die Ursachen für unsere Ängste auf seiner Liste ein, wobei er nach einer sorgfältig ausgearbeiteten, auf logischen Gesichtspunkten basierenden Analyse vorgeht. In der Kategorie der vermeidbaren Ängste landet erstens: die Angst vor dem eigenen Schicksal. Sie ist völlig unbegründet, da schließlich alles auf physikalischen Phänomenen basiert, die jenseits unserer Einflussmöglichkeiten liegen. Zweitens: die Angst vor dem Tod, denn sie ist nutzlos. Zum einen werden wir so oder so eines Tages sterben, also findet man sich doch besser gleich damit ab, statt sich unnötig zu quälen. Zum anderen kann einem ja nicht vor etwas grauen, über das man, wenn es eintritt, gar nicht mehr nachdenken kann. Drittens: emotionales Leid, denn es relativiert sich früher oder später doch immer. Und während man genau darauf wartet, kann man sich genauso gut an die schönen Augenblicke erinnern. Viertens: die Angst, nicht glücklich zu werden – sie beansprucht Epikurs ganze Aufmerksamkeit. Aber es gibt ein Gegenmittel:

Man mache sich unabhängiger von der äußeren Welt, man gebe sich mit wenig zufrieden und erfreue sich von ganzem Herzen der eigenen Existenz. Epikur ermutigt uns, jedes noch so kleine Fünkchen Glück auszukosten, zu genießen, was man schätzt, und Gelegenheiten nicht ungenutzt verstreichen zu lassen – wie etwa die, zwei Tage in einem Haus am Meer zu verbringen. Allein von den einfachen Freuden soll man sich leiten lassen, an den kleinsten Dingen möge man sich erfreuen. Im Denken wie in Einrichtungsfragen erzielt man die größte Ausgeglichenheit eben häufig durch zeitlose Klassiker. Konzentrieren wir uns auf die wirklichen Bedürfnisse statt auf die Flut der Nachrichtensender, wird unser innerer Garten zum Palast, in dem *Aponia* und *Ataraxie* regieren.

Ihren Freunden erklären Sie am besten, dass sich gegenseitig mit trostlosen, zusammenhanglosen Nachrichten zu übertrumpfen nur nutzloses Leid verursacht, was sich gut vermeiden lässt. Der Medientrubel schürt Ängste, die jeder Grundlage entbehren, weil man die Geschehnisse sowieso nicht beeinflussen kann. Weder wird man den gestrandeten Delfin retten noch das Flugzeug vor dem Absturz bewahren können. Sich von der Nachrichtenflut überschwemmen zu lassen zeugt auch nicht von Altruismus – nein, man belastet sich nur mit zusätzlichem Leid, das nicht sensibler macht, sondern einen daran hindert, sich auf das Glück zu besinnen, auf der Welt zu sein, hier und jetzt. Wer sich zu distanzieren weiß, wer sich traut, den Angst und Schrecken verbreitenden Gesprächen ein Ende zu setzen, wer Radio und Fernseher ausschaltet oder Handy und Tablet beiseitelegt, der hat die

Chance, sich des Luxus bewusst zu werden, auf der Welt zu sein.

Wenn Ihre Freunde also das nächste Mal beim Aperitif über Ereignisse diskutieren, die sich möglicherweise dramatisch entwickeln könnten, dann machen Sie den Mund auf und empfehlen Sie Epikurs Lebensweise. Und anschließend lenken Sie das Gespräch auf all die schönen Dinge, die Ihnen im Laufe der Woche zugestoßen sind.

Ein paar Zeilen zu Epikur

(341–270 v. Chr.)

Bereits als Jugendlicher fing der 341 v. Chr. auf Samos geborene Epikur an, sich mit Philosophie zu beschäftigen. Der Auslöser dafür war, dass einer seiner Lehrer ihm die Fragen zur Beschaffenheit des Chaos nicht befriedigend beantworten konnte. Seine leicht rebellische Natur machte ihn zum Autodidakten; er führte ein ausgesprochen einfaches Leben und war besessen davon, nur das Nötigste zu essen. Vom allmählich aus dem Leim gehenden Genießer war er meilenweit entfernt. Mit fünfunddreißig ließ er sich endgültig in Athen nieder und legte sich einen Garten zu, der ihm fortan als Zentrum seiner Studien diente. Epikur war ein so geschätzter wie gefragter Lehrer und hochaktiv. Zusammen mit seinen Schülern beschäftigte er sich mit der Physik und der Vorstellung, dass für das, was uns Menschen geschieht, keineswegs die Götter verantwortlich sind, sondern die herabfallenden und sich neu zusammensetzenden Atome. Epikur war ein äußerst produktiver Autor, er dürfte gut dreihundert Werke verfasst haben, von denen jedoch nur ein paar wenige Briefe erhalten sind. Dass seine Ethik auf einer einzigen großen Idee basiert, weiß man jedoch mit Sicherheit: Kummer und Sorgen gilt es möglichst kleinzuhalten, stattdessen sollten Ruhe und Frieden den Nährboden eines glücklichen Lebens bilden – ein Programm, das Geschichte schreiben und den Anfang einer Geisteshaltung mit weitreichendem Einfluss markieren sollte.

Das Buch für den Krisenfall

Brief an Menoikeus

Dieser pädagogische Brief Epikurs an seinen jungen Schüler Menoikeus wurde zur bekanntesten Zusammenfassung seiner Doktrin und stellt einen ausgesprochen praktischen Leitfaden dar. Die Prinzipien der darin erläuterten Methode sind heute noch brandaktuell.

Philosophie hilft!

- Weisheit ist eine Haltung, die im Alltag gefragt ist – sie ist keineswegs den großen Denkern vorbehalten.
- Es sind die Ängste, die unserem Glück im Weg stehen – dabei entbehren sie häufig jeder Grundlage.
- Glück bedeutet, sich auf die einfachen Dinge um sich herum zu besinnen, diese Dinge zu schätzen und sich daran zu erfreuen, auf der Welt zu sein.

Speeddating mit Platon

Oder: Taumel der Liebe

Das Herz rast, der Bauch kribbelt, die Gedanken schweifen vor dem Rechner ab, unhaltbare Versprechungen wabern durch den Kopf, die Nächte sind schlaflos, der Blick in Erwartung einer Textnachricht aufs Handy genagelt – wie oft haben Sie das nicht schon durchgemacht, sind von Date zu Date geschwebt und haben sich immer wieder aufs Neue mit ungetrübtem Vertrauen eingelassen. Ihr Leben hat etwas von einer Liebeskomödie, nur dass das Happy End ausbleibt und die Autoren des Drehbuchs Ihres Lebens irgendwie unentschlossen sind. Es gibt Leute, die behaupten, Sie seien einfach in die Liebe selbst verliebt. Andere empfinden Sie als Zumutung, als nicht vermittelbar, weil viel zu anspruchsvoll oder mit ungenügenden persönlichen Qualitäten. Sagen wir, das Urteil hängt vom jeweiligen Grad der Zuneigung ab. Da hat jeder seine eigene Auffassung. Manche behaupten auch, Sie würden auf der Suche nach dem Traumprinzen einer Illusion nachjagen, würden die Realität nicht akzeptieren, andere finden, Sie verbringen einfach zu viel Zeit mit Ihren Eltern. Und Sie? Hören sich alles an und trauen sich nicht zu sagen, dass sie alle auf der falschen Fährte sind. Sie wissen schließlich, warum Sie immer wieder Schiffbruch erleiden. Denn was Sie allein bei der Stange hält, was Sie über all die Enttäuschungen und Ernüchterungen hinwegkommen und all die Speeddatings und vorprogrammierten Verabredungen durchstehen lässt, ist schlicht die Hoffnung. Eines Tages wird sie vor Ihnen stehen, die richtige Person, wird Sie wunschlos glücklich machen, davon sind Sie felsenfest überzeugt. Das ist Ihr Licht am Ende des Tunnels. Und so schöpfen Sie bei jeder neuen Begegnung immer wieder neue Energie aus dem großen Potenzial, aus dem »Und wenn es diesmal …?«. Allein die Möglichkeit beflügelt Sie, den anderen entdecken zu wollen und sich Sie beide auszumalen, zusammen, für den Rest des Lebens.

Mit genau dem Antrieb sind Sie jetzt auch unterwegs zu diesem Date, das Sie mittels ein paar verschämter Nachrichten vereinbart haben. Die glückliche auserwählte Person entstammt dem Pool der Singles, den Ihnen Ihr mitfühlender, um nicht zu sagen mitleidiger Freundes- und Bekanntenkreis zur Verfügung stellt. Das Setting ist das inzwischen übliche: Es ist der Freund einer Freundin irgendeines ominösen Cousins. Logisch, dass Sie perfekt vorbereitet sind, nichts dem Zufall überlassen haben, weder was Ihr Outfit betrifft noch die potenziellen Gesprächsthemen. Wie vor einem Vorstellungsgespräch gehen Sie noch einmal Ihre Aussagen durch und hoffen dabei auf etwas mehr als eine Praktikantenstelle. Sie müssen lächeln beim Gedanken an diese kleine Komödie. Mit zärtlichem Blick führen Sie sich vor Augen, wie man sich in Szene setzt in diesen Augenblicken des Entdeckens, in denen einen die Neugierde auf den anderen gepackt hat. Wie man seine Gesten kontrolliert, seine Standpunkte hochstilisiert, und dann diese zarte Neigung, die Realität zu verdrehen, wenn man sich als Spitzen-

skiläufer gibt, wo man sich doch in Wirklichkeit schon auf
der blauen Piste in die Hose macht. Wie man den anderen
anstarrt. Sie denken an die Mechanismen der Verführung, an
die Lust, in den Augen des anderen dieses freudige Funkeln
zu wecken, das man sonst nur beim Geschenkeauspacken
hat. Sie verlangsamen Ihren Schritt, wollen die Minuten vor
dem Aufeinandertreffen auskosten, bevor sich das Geheim-
nis lüftet und Ihnen ein Mensch aus Fleisch und Blut und
mit Gefühlen gegenübersitzt.

Und dann, endlich, der Aufprall, das Küsschen, etwas un-
beholfen, wie es nun mal ist, wenn sich zwei Körper berühren, die sich genauso wenig vertraut sind wie die beiden
Menschen, zu denen sie gehören, Sie setzen sich, leicht nach
links geneigt, und Ihr Lachen wäre einer hirnverbrannten
Vorabendserie würdig. Sie wählen ein Getränk nur wegen
seines sexy klingenden Namens, auch wenn Ihnen davon
schlecht werden wird. Sie nuscheln irgendetwas Undeut-
liches über die Ausstattung des Lokals und begeistern sich
für die originellen, in trostlosem Beige gehaltenen Wände.
Innerlich beten Sie um etwas Magie, dass die für Liebe auf
den ersten Blick zuständige Fee Sie das Richtige tun lässt.
Sie beruhigen Ihren Geist. Sie konzentrieren sich darauf,
Ihre Gemeinsamkeiten aufzuspüren, Sie brennen darauf, die
Seiten zu entdecken, die ihn zu Ihrer anderen Hälfte machen
werden, zur Selbstverständlichkeit in Ihrem Leben, zu dem
Menschen, an dem Sie einfach nicht vorbeikommen.

Sie hängen an seinen Lippen. Nur kann es bei einer derart gebündelten Aufmerksamkeit leider passieren, dass man
Dinge entdeckt, die man lieber nicht entdeckt hätte.

Schließlich gestehen Sie sich trotz aller Aufregung ein, dass es eigentlich nur nervt, wenn jemand permanent denselben Begriff verwendet, ein verbaler Tick, nichts weiter. Sie kommen zum Schluss, dass, wenn jemand keine einzige Frage stellt, obwohl er rein gar nichts über einen weiß, man das auch als ausgeprägte Form von Egozentrik deuten könnte. Aber dann ermahnen Sie sich zur Nachsicht; Schüchternheit führt eben manchmal zu einem etwas unsensiblen Verhalten. Drei Stunden später, nachdem Sie die detaillierte, völlig konfuse Geschichte eines Bumerang-Wettkampfs über sich haben ergehen lassen, sind Sie mit den Nerven am Ende. Sie bestellen einen weiteren Cocktail, irgendwie muss man ja durchhalten. Aber irgendwann können Sie nicht mehr, bei allem geheuchelten Interesse und aller Anteilnahme (»Ach, wirklich? Ist ja unglaublich!«). Es ist offensichtlich, dass Sie beide nicht das Geringste verbindet. Der Traum vom Paarsein endet in Ernüchterung. Das Einzige, was Sie mit diesem Menschen je teilen möchten, ist die Rechnung.

Sie kennen das Prozedere in- und auswendig. Dennoch fühlen Sie sich ermattet und fragen sich ernsthaft, ob das alles wirklich die Mühe wert ist. Sie sind kurz davor, die Waffen zu strecken oder besser: sie zu erheben gegen Aphrodite und Amor und wen die Liebe sonst noch als Vertreter bereithält. Ihre Freunde haben recht, Sie sind lächerlich mit Ihren albernen Romantikvorstellungen. Aber dann, auf dem Weg nach Hause, als alles darauf hindeutet, dass Sie doch im Kloster für einsame Seelen enden werden, regt sich plötzlich ein seltsamer Funke in Ihnen, und das liegt nicht nur an den Cocktails, die Sie intus haben. Wie kann es sein, dass Sie nach einer derart herben Niederlage immer noch hoffen, hinter der nächsten Ecke plötzlich Ihrem künftigen Herzallerliebsten gegenüberzustehen? Sind Sie eigentlich nicht ganz bei Trost, die Hoffnung immer noch nicht aufzugeben? Nein, sind Sie nicht, keine Sorge. Aber dazu braucht es wohl ein paar Erläuterungen.

Was sagt Platon dazu?

Einer, dessen Name so sehr mit der platonischen Liebe verknüpft ist, frei von allen sinnlichen Irrungen und Wirrungen, soll die Leidenschaft eines Abends und die Mühen der Partnersuche legitimieren? Tatsächlich gibt uns ausgerechnet Platon einen ausgesprochen befreienden Bericht an die Hand, der die Suche nach Liebe mehr als legitimiert.

In seinem Werk *Symposion* inszeniert Platon ein lebhaftes Gespräch zwischen acht Persönlichkeiten der griechischen besseren Gesellschaft, die zu einem Gastmahl zusammengekommen sind. Während der Mahlzeit entspinnt sich eine Diskussion über Beziehungen und die Liebe. So erfahren die Zuhörer etwa über einen Bericht des Dichters Aristophanes, wie die Menschen in der Antike lebten. Drei Typen von Menschen habe es damals gegeben: Männer, Frauen und Zwitterwesen. Allen gemeinsam war ihr kugelrunder Körper mit vier Armen, vier Beinen und zwei Geschlechtern, und sie alle lebten dank ihrer Vollkommenheit im absoluten Glück.

Diese seltsamen Kugelwesen waren ungeheuer stolz auf die eigene Perfektion, darauf, dass es ihnen an einfach nichts mangelte, und so beschlossen sie, sich in den Himmel zu begeben, um den Göttern Konkurrenz zu machen, ja sogar, um ihren Platz einzunehmen. Als Zeus bemerkte, wie die Eindringlinge zu seinem Königreich emporkletterten, packte ihn der Zorn. So wütend war er, dass er, statt Vergeltung zu üben, zunächst sogar vorhatte, die gesamte menschliche Spezies auszurotten. Aber dann fiel ihm ein, dass dann ja auch niemand mehr da wäre, ihn zu ehren, und so entschied er, die Menschen kurzerhand zweizuteilen, sodass einem jeden zwei Arme, zwei Beine und ein Geschlecht blieben. Anschließend bat er Apollon, ihre Gesichter umzustülpen, Bauch und Nabel zusammenzunähen, wo er sie auseinandergerissen hatte, damit sie zumindest etwas ansehnlicher wären und damit ihre Narben sie daran erinnerten, sich nicht allzu viel auf sich einzubilden. Das war das Ende der mächtigen Kugelwesen – sie waren über ihre eigene Arroganz gerollt. Es gab zwar nun deutlich mehr von diesen neuartigen primitiven Wesen, nur waren sie ungeheuer geschwächt – vor allem, weil ihnen ihre zweite Hälfte fehlte, was sie regelrecht ratlos machte. Platons Mythos endet mit dem Bild dieser Wesen, wie sie fortan verdammt sind, nach ihrem Seelenpartner zu suchen.

Wenn wir uns also auf dem Weg zu einem Date befinden, sind wir nichts anderes als eine solche halbierte Kugel auf der Suche nach Wiedervereinigung mit ihrer anderen Hälfte. Für Platon steht diese lange zurückliegende Epoche für den Beginn der zwischenmenschlichen Liebe. In Aristophanes'

Was sagt Platon dazu?

Mythos geht es aber um mehr als nur ein Gefühl oder einen romantischen Impuls – es geht vielmehr um die Empfindung der Vollkommenheit. Anhand von Aristophanes' Mythos will uns Platon zu verstehen geben, dass Eros, so der griechische Begriff für Liebe und Begehren, genau diese Kraft ist, die die beiden Teile unseres »antiken« Wesens wieder miteinander zu vereinen strebt, die aus zwei Wesen wieder eines machen und uns so die Verzweiflung darüber nehmen möchte, einst geteilt worden zu sein. Jeder Mensch ist also die ergänzende Hälfte, die einem bestimmten anderen fehlt. Deshalb ist der Wunsch nach Vollkommenheit auch so tief in uns verwurzelt, wir können gar nicht anders, als ihm nachzugehen, und keine Niederlage vermag uns die Hoffnung zu nehmen, dass wir eines Tages doch noch den passenden Partner finden werden. Bis dahin werden wir die Suche nicht aufgeben. Egal, ob wir uns auf Datingportalen herumtreiben oder auf der Hochzeit von Freunden, unser ganzes Bestreben zielt auf die Suche nach unserer anderen Hälfte ab, auch auf die Gefahr hin, Fehlschläge zu erleiden, vom Weg abzukommen oder sich zu irren. Mag sein, dass es Momente gibt, in denen Sie am liebsten alles hinschmeißen würden; aber dieses großartige Verlangen, die Frau oder den Mann zu finden, der oder die Ihnen das Gefühl gibt, endlich wieder komplett zu sein, im Frieden mit sich zu sein, wird Sie letztlich nicht loslassen.

Wenn Ihr ominöser Cousin Ihnen also das nächste Mal jemanden vorstellen möchte, dann kommen Sie sich nicht blöd vor, wenn es anfängt zu kribbeln, und hören Sie bloß nicht auf Ihre Freunde. Im Gegenteil: Legen Sie sich Ihre besten Antworten zurecht und Ihr schönstes Outfit. Und denken Sie daran, dass genau diese unbezwingbare Hoffnung die Möglichkeit birgt zu finden, was Sie einst verloren haben. Sie sind nicht lächerlich, Sie sind platonisch.

Ein paar Zeilen zu Platon

(427–348 v. Chr.)

Platon wurde 427 v. Chr. in Athen geboren; seine Bildung entsprach der vornehmlich aristokratischen Gesellschaftsschicht, aus der er stammte. Um seine Gedanken mitzuteilen, wählte Platon die Form des Dialogs, und als Schüler von Sokrates kam dieser darin durchgängig zu Wort – Sokrates selbst hat schriftliche Aufzeichnungen nämlich verweigert. Diese Art der Philosophievermittlung schien Platon die passende Form, um den Leser einzufangen, blieb diesem doch nichts anderes übrig, als sich mit den beinahe interaktiven, eindringlichen Fragen auseinanderzusetzen. Von der Politik bis zur Liebe griff er alle nur denkbaren Themen auf, meist in Form von Mythen, die häufig für die Unterscheidung zwischen der sinnlichen Welt, bestehend aus den sichtbaren Dingen, und der Welt der Ideen stehen. Eine Reise nach Sizilien, wo damals der Tyrann Dionysos I. herrschte, endete mit der Flucht Platons vor den Sitten in dessen Hofstaat. Er bestieg ein Schiff, geriet in einen Sturm und war genötigt, in Aigina einen Zwischenstopp einzulegen. Dort wurde er als Sklave verkauft, kam dank eines Freundes aber wieder frei. Zurück in Athen, gründete Platon seine *Akademie*, an der auch Aristoteles lehrte, und wurde zum begeisterten Anhänger der Philosophie.

Das Buch für den Krisenfall

Symposion

Im Verlauf eines üppigen Gastmahls erörtern Sokrates und andere Gäste nacheinander das Wesen der Liebe.

Philosophie hilft!

- Liebe ist die Empfindung, die man verspürt, wenn man seine andere Hälfte gefunden hat, den Menschen, der einem ein Gefühl der Vollkommenheit und des inneren Friedens gibt.
- Die Begierde treibt uns immer wieder an, die Suche nach dem perfekten Partner nicht aufzugeben.
- Die Hoffnung ist nicht vergebens; sie hält uns bei der Stange und lässt uns die Suche nach dem Menschen, der uns entspricht, nicht aufgeben.

Pascal und die Vergänglichkeit

Oder:
Lernen, die Zeit zu botoxen

Soweit Sie sich erinnern, waren Sie noch nie besonders pünktlich – immer kamen Sie entweder zu spät oder zu früh. Sie hatten das Gefühl, Herrscher über die Zeit zu sein, sie ganz nach Ihrem Gusto dehnen oder beschleunigen zu können. Und wenn die Leute in Ihrem Umfeld beklagten, wie die Jahre doch dahinrasten und das Alter sich immer stärker bemerkbar mache, dann hatte das doch mit Ihnen nichts zu tun. Angst vor dem Älterwerden? Wozu? – ist doch alles unter Kontrolle. Weiße Haare würden Sie nur bekommen, wenn Sie es auch wollten – und das stand nicht auf dem Programm. Abgesehen davon trugen Sie dieselben Turnschuhe wie mit fünfzehn, gingen nach wie vor in die coolsten Clubs, und Ihre Jugend war zeitlos.

Kurz: Sie verstanden es meisterlich, Haltung zu bewahren. Bis Sie dann während einer Geschäftsreise auf dem Check-in-Formular des Hotels Ihre Initialen in das Datumsfeld statt in das für die Unterschrift vorgesehene Kästchen setzten. Ein Flüchtigkeitsfehler, kein Wunder bei dem Terminstress. Dass Sie in der Woche darauf nicht in der Lage waren, die Untertitel dieses wirklich hervorragenden litauischen Films zu entziffern, lag natürlich an der seltsamen Schriftart. Ein paar Wochen später suchten Sie Ihren Arzt auf, nachdem Sie einen Freund, der Ihnen von der anderen

Straßenseite aus zuwinkte, nicht erkannt hatten. Ein Zeichen von Überarbeitung, klarer Fall. Beunruhigt hat Sie diese kleine Häufung minimaler Ausfälle nicht, höchstens ein wenig erstaunt. Kleiner Hinweis, mal wieder ein Entspannungswochenende auf die Agenda zu setzen – später, denn im Moment war einfach zu viel zu tun.

Eines Morgens dann drängte sie sich mit verblüffender Grausamkeit auf, die Wahrheit. Sie konnten beim besten Willen Ihre E-Mails nicht mehr entziffern. Ihre Sehkraft, mit der einer Pilotenkarriere nichts im Wege gestanden hätte, brachte Sie auf direktem Weg zum Absturz. Keine Ausrede mehr, wie kreativ sie auch sein mochte, konnte das Offensichtliche, das Undenkbare noch verschleiern: Sie brauchten eine Brille, weil Ihre Sehkraft die Frechheit besaß, mit den Jahren nachzulassen. Sie waren fassungslos. Leugnen funktionierte nicht mehr. Wie hatte Ihnen etwas Derartiges zustoßen können? Ihre Eltern fallen Ihnen ein, wie sie permanent ihre Lesebrillen auf dem Couchtisch liegen ließen oder im Handschuhfach vergaßen und Sie dann verdrossen baten, ihnen die Speisekarte vorzulesen. Oder Ihre Grundschullehrerin, die ein wenig zu streng war für Ihren Geschmack, sodass Sie ein großes Vergnügen darin fanden, ihre Brille immer wieder zu verstecken. Aber diese Leute konnten doch nicht in Ihrem Alter gewesen sein. Sie sind doch quasi noch Teenager.

Die Wahrheit ist einfach zu unerträglich, weshalb Sie natürlich auf Kontaktlinsen setzen. Es ist immerhin eine gesellschaftlich akzeptierte und psychisch verkraftbare Tarnung. Morgens stecken Sie sich erstmal einen Finger ins

Auge, um sich an die traumatische Vorstellung des Fremd-
körpers zu gewöhnen. Aber dann entwickeln Sie eine Aller-
gie – als Ihnen klar wird, dass der Knackpunkt in Wirklichkeit gar nicht das Brillengestell an sich ist, sondern die
Vorstellung, dass Ihre Augen von nun an eine Prothese benötigen. Mit der Erwartung, einen Bestattungsvertrag vor-
gelegt zu bekommen, ringen Sie sich schließlich durch,
zum Optiker zu gehen. Sie sind wie gelähmt. Diese Brille
beraubt Sie Ihrer Macht, Sie gibt den Blick frei auf Ihre
Unfähigkeit, Ihren innersten Zeitplaner weiterhin zu kon-
trollieren, und das, obwohl Sie Ihr Leben lang in Ihrem ganz
eigenen Tempo durch die verschiedenen Altersstufen ge-
surft sind, wie es Ihnen gerade gefiel. Die Zeit hat Sie ver-
raten, sie hat sich klammheimlich aus dem Staub gemacht.

Sie fühlen sich nun nicht mehr wohl in Ihren Turnschu-
hen, obwohl das Modell dasselbe ist wie eh und je. Das Ding
auf Ihrer Nase zwingt Sie, all die vergangenen, ausgedehnten
Jahre noch einmal in aller Ausführlichkeit zu betrachten. Sie
waren so lange mit dem Älterwerden in Verzug und haben
nun das Gefühl, zu schnell aufgeholt zu haben. Dabei haben
Sie es nicht einmal kommen sehen. Ausgerechnet Sie, die
Ungeduld in Person, wollen jetzt die Zeit ausbremsen und
können sie nicht mehr bändigen. Mit einem Mal fühlen Sie
sich alt, schwach, dem Niedergang geweiht. Sie nehmen die
unscheinbarsten Fältchen unter die Lupe, prüfen das Zusam-
menspiel der Furchen auf Ihrer Haut mit geologischer Präzision. Sie haben keinen Antrieb mehr, das Haus zu verlassen,
die Vergangenheit macht Sie nostalgisch, die Zukunft hat
scheinbar nichts mehr zu bieten, Sie begreifen nicht, was

eigentlich los ist. Was ist passiert? Ist das die Rache der Zeit, weil Sie zu spielerisch mit ihr umgegangen sind? Höchste Zeit, dass jemand ein wenig an Ihren Zeigern dreht und die Dinge wieder ins rechte Licht rückt!

Was sagt Pascal dazu?

Mit neunzehn Jahren entwarf der französische Philosoph Blaise Pascal eine Rechenmaschine, die durch eine simple Verstellung im Räderwerk entweder addieren oder subtrahieren konnte. Die Ziffern durch Jahre zu ersetzen und uns zu etwas mehr Durchblick in unserem ganz persönlichen Rechnungsbuch zu verhelfen ist kein großes Ding für ihn. Und so kommt dem Verhältnis Mensch – Zeit in seinen *Gedanken* auch ein ganz besonderer Platz zu.

Pascal gelangt zu einem unmissverständlichen Schluss: Der Mensch lebt nicht im gegenwärtigen Augenblick. Entweder kleben wir an der Vergangenheit, oder wir schmieden Zukunftspläne – nur dem aktuellen Moment bleiben wir fern, und das mit erstaunlicher Leichtigkeit, als wäre die Gegenwart allein denen vorbehalten, die sonst nichts Besseres zu tun haben. Folglich verbringen wir unsere Tage damit, immer entweder hinterher zu sein oder vorneweg zu eilen. Nie sind wir da, wo die anderen sind. Wir sind unfähig, uns Gedanken über unsere Lebenszeit zu machen, wie kurz oder lange sie auch andauern mag, und wenn uns dann ein Fältchen oder die anstehende Brille daran erinnert, dass wir die uns zustehende Zeit doch auskosten sollten, geht das große Geheule los. Was quält uns eigentlich so daran, im Moment zu leben? Warum wollen wir so unbedingt dem gegenwärtigen Augenblick entfliehen? Um das herauszufinden, nimmt Pascal unseren inneren Mechanismus auseinander – in der Hoffnung, fündig zu werden auf der Suche nach dem Sandkorn in unserem Getriebe.

Als Erstes nimmt er sich die Begierde vor. Wir legen es so unbedingt darauf an, die unglaublichsten Dinge zu erleben, wir setzen derart hohe Erwartungen in viele unserer Unternehmungen, dass wir unweigerlich enttäuscht sind, wenn wir dann mittendrin stecken und feststellen, dass das Erleben mit der Erwartung nicht mithalten kann. Es ist, wie wenn man über Monate hinweg eine Überraschung plant, die dann am Ende viel platter ist als erwartet. Genauso verhält es sich auch mit dem Hier und Jetzt: Irgendwie hält es uns außen vor, und das ist frustrierend. Also widmet man sich lieber wieder neuen Zukunftsperspektiven und kreiert die Illusion permanenten Vergnügens. Man legt einen Gang zu, lehnt sich ein Stück vor, weg von der enttäuschenden Gegenwart. Und so beschleunigt man kontinuierlich den Alltag, um sich bloß nicht zu lange in seiner Mittelmäßigkeit und der eigenen angeknacksten Begierde aufzuhalten. Die Idee dahinter: Endlich wieder Herr über das eigene Schicksal werden.

Hier wendet man sich von der Gegenwart ab, weil man sie so enttäuschend findet. Pascal führt aber noch eine zweite, genauso verbreitete Variante an: wenn man den gerade erlebten Augenblick nämlich als zu schön empfindet, als zu perfekt, wenn die Überraschung nicht gelungener hätte sein können. *Zu* schön deshalb, weil ein restlos erfüllter Wunsch genauso schwer zu ertragen ist wie ein unerfüllter. Pascal macht hier sehr deutlich, wie launenhaft der Mensch doch ist. Läuft alles gut, wollen wir das Glück, die Erfüllung mit aller Gewalt festhalten, aber weil das nun mal nicht möglich ist, frisst uns der Gedanke an sein baldiges Ende auf – statt dass wir den Augenblick auskosten, lässt uns die quälende Vorstellung nicht mehr los, dass der Moment vorübergehen wird. Und genau das macht uns unfähig, unser eigentlich glückliches Leben zu genießen, wir fühlen uns ohnmächtig angesichts der beständig rieselnden Sanduhr, wir fühlen uns ohnmächtig, weil wir wissen, wie die Sache nun mal ausgehen wird.

Summa summarum befinden wir uns also permanent in einem Zustand der Verdrossenheit. Der gegenwärtige Augenblick wird zur Quelle unseres ganzen Elends, egal, ob er enttäuschend oder erfüllend ist. Das Problem dabei ist nur, dass wir uns mit dieser Haltung nirgends mehr in der Wirklichkeit verankern können. Wir wissen nicht mehr, wer wir sind, welches Leben wir führen, wie alt wir sind. Wer sich an keinen Bezugspunkten orientieren kann und kein Bewusstsein für die verschiedenen Etappen seines Daseins hat, für den wird die Brille zu einem höchst unerfreulichen und zutiefst verstörenden Marker dieser unmittelbaren Wirklichkeit, der man doch die ganze Zeit zu entfliehen versucht. Was kann man also tun? Sich damit abfinden, in seiner Hyperaktivität abzusaufen, oder gleich die Vorbereitungen für das eigene Begräbnis in die Wege leiten? Zum Glück hat Pascal noch eine andere Option auf Lager.

Was sagt Pascal dazu?

Das Gute an der Zeit ist ja, dass sie vergeht und doch immer gleich bleibt. Deshalb ist es auch nie zu spät, seine Haltung der Zeit gegenüber zu ändern – und genau das ist Pascals Ansatz. Am Ende sterben wir sowieso alle; es bringt nichts, dagegen anzukämpfen. Also stecken wir doch lieber unsere Energie in das, was wir gerade jetzt, in diesem Augenblick tun. Dadurch haben wir zwar immer noch keine Macht über die Zeit, aber wir bestimmen zumindest, wie wir sie füllen. Dass wir irgendwann eine Brille brauchen, dagegen können wir nichts ausrichten, aber wir können uns dem stellen, was wir erleben. Der gegenwärtige Augenblick ist enttäuschend? Na und, dann machen wir eben etwas Besseres daraus. Und wenn er *zu* erfüllt ist, dann halten wir einen Moment inne, erfreuen uns an ihm und lassen es zu, dass das Glück sich in uns breitmacht. Älter werden heißt, sich anpassen zu können, zu akzeptieren, dass man zwar keinen Einfluss auf die eigene Lebenszeit hat, aber durchaus auf das, was man aus seinem Leben macht. Letztendlich geht es um die Erkenntnis, dass es der gegenwärtige Augenblick ist, der ein Lifting nötig hat und ein paar Botox-Injektionen in seine Risse vertragen kann, nicht man selbst. Also, Schluss mit dem Verdruss! Suchen Sie sich eine hübsche Fassung aus und setzen Sie die Brille auf. Lassen Sie die Unschärfe hinter sich und betrachten Sie in aller Klarheit die großartigen Konturen der Wirklichkeit.

Ein paar Zeilen zu Pascal

(1623–1662)

Blaise Pascal wurde 1623 im französischen Clermont-Ferrand geboren und war ein begabtes Kind. Inspiriert von seinem Vater, begeisterte er sich für alle möglichen Dinge. Insbesondere die Naturwissenschaften und die Mathematik hatten es ihm angetan, für sie entwickelte er eine echte Leidenschaft, bevor er sich mit Haut und Haar dem Christentum verschrieb. Er erfand eine Rechenmaschine und galt als Wegbereiter der Wahrscheinlichkeitsrechnung. Mit dreißig Jahren stiegen ihm die Zahlen jedoch zu Kopf, und er erlitt einen von Visionen begleiteten mystischen Anfall. Er konzentrierte sich daraufhin ganz auf die Religion und entwickelte seine ersten philosophischen Überlegungen auf Grundlage der Vorstellung, dass der Mensch als ausgesprochen düsteres Wesen nur in der Verbindung zu Gott in der Lage sei, zu innerem Frieden und wahrem Glück zu finden. Pascal war über lange Zeit gesundheitlich schwer angeschlagen, er lebte mit permanenten Schmerzen, was seinen Schreibprozess deutlich verlangsamte. So wurden seine beiden Hauptwerke auch erst kurz nach seinem frühen Tod veröffentlicht.

Das Buch für den Krisenfall

Gedanken (Pensées)

Ohne religiöses Empfinden verbringt der Mensch seine Zeit in Zerstreuung, um sich nicht bewusst zu machen, wie trist sein Leben eigentlich ist. Wer dagegen den spirituellen Weg geht, der kommt zur Ruhe und findet das wahre Glück.

Philosophie hilft!

- Sei es aus Angst vor Enttäuschung oder davor, dass der Moment zu schnell vorübergeht – es gelingt dem Menschen nicht, im Hier und Jetzt zu sein, und so vergeht die Zeit und ist mit einem Mal vorüber, ohne dass man sich dessen bewusst war.
- Wir müssen keine Angst haben vor der Gegenwart, schließlich verbringen wir in ihr unser Leben.
- Älter werden ist etwas Positives, weil man es mit zunehmendem Alter immer besser versteht, präsent zu sein im gegenwärtigen Augenblick und diesen auszukosten.

Besser
Levinas
als Valium

Oder:
Pubertätskrise versus
Krise des anderen

Sorgsam hatten Sie es in der Ecke einer Schublade verwahrt. Es war diese Art Glücksbringer, auf den man unerwartet stößt, wenn man eigentlich ein Post-it sucht. Sie hielten dann immer kurz inne, ließen Ihren vor Zärtlichkeit flackernden Blick darauf ruhen wie auf einer Kinoleinwand, auf der sich die Bilder der Vergangenheit abspielen, fuhren liebevoll mit dem Finger darüber. Das Geburtsarmband machte Sie nicht einfach nur nostalgisch – der Anblick katapultierte Sie in eine andere Ära, eine Ära, in der Ihre Tage von Karussellmusik untermalt waren und sich die Sorgen auf heruntergefallenes Schokoladeneis und verlegte Schmusetücher beschränkten.

Sie hatten immer viel für Kinder übrig. Schon bevor Sie eigene hatten, stürzten Sie sich beim Monopoly vehement auf die Seite der Kinder und mahnten Sie beim Baden erst recht spät, aus dem Wasser zu kommen. Dutzende Erziehungsberater haben Sie gewälzt und leidenschaftlich an Diskussionen über den Umgang mit Bildschirmen und Videospielen teilgenommen. Sie gehörten diesem sympathischen und zugleich verantwortungsbewussten Elterntypus an, zu dem man bewundernd rüberschielt, während man gemeinsam vor der Schule auf die Kinder wartet, der Typ, der seine Kids zum Skaten bringt und zugleich stets auf deren Höflichkeit pocht. Abends, wenn es Zeit zum Schlafengehen war, applaudierten Sie zu den auf dem Bett präsentierten Darbietungen. Dass die Show häufig so überraschend war, als würde sich herausstellen, dass Céline Dion vor ihren Auftritten LSD einwirft, tat Ihrem Beifall keinen Abbruch. Nie sahen Sie auf die Uhr, nie gähnten Sie beim Vorlesen. Sie professionalisierten die Ausrichtung von Geburtstagspartys, spezialisierten sich auf außerschulische Aktivitäten und die Konstruktion von Baumhäusern. Kurz: Die Kindheit war Ihr Königreich, die lieben Kleinen Ihre umgänglichen und folgsamen Untertanen.

Während die Jahre so rasch dahinflossen, wie sich die Trends auf dem Spielplatz änderten, hatten Sie in Ihrem Umfeld stets die entspanntesten Tipps. Kinder waren für Sie nicht die launischen Monster, als die viele andere sie wahrnahmen – Sie fanden sie einfach hinreißend und obendrein leicht zufriedenzustellen. Mal abgesehen davon, dass Sie die Kleinen inzwischen weniger häufig von der Schule abholten, schien Ihr Verhältnis in bester Ordnung. Okay, es gab da zwei, drei Bedenken wegen Ihres – nach Auffassung Ihrer Sprösslinge – etwas *zu* jugendlichen Auftretens. Aber was das betraf, fühlten Sie sich ganz geborgen im (medienpropagierten) Generationenkonflikt, wie er im Fernsehen rauf und runter diskutiert wird.

Deshalb waren Sie auch so ungläubig, so perplex, als Sie an jenem Abend die Schwelle Ihrer Wohnung überschritten. Noch ziemlich erledigt von einer Geschäftsreise bemerken Sie, dass irgendwas mit der Küche nicht stimmt. Sind Sie versehentlich beim Nachbarn gelandet? Haben Sie sich in der Wohnung geirrt? Auf der Suche nach Indizien für einen stimmigen Plot lassen Sie Ihren Blick systematisch durch den Raum schweifen. Sie scannen Ihr Umfeld nach irgendeinem Anhaltspunkt ab, der erklären könnte, warum auf der marmornen Arbeitsplatte neben der halb verschütteten Ketchup-Flasche eine Socke liegt, ein noch eingesteckter Föhn, eine Tüte Chips Sour Cream & Onion und ein Stapel Polaroidfotos. In der Spüle türmt sich das schmutzige Geschirr. Das Wohnzimmersofa scheint zur Garderobe umfunktioniert. Sie sind immer noch ein einziges Fragezeichen, als mit einem Mal eine etwa ein Meter zweiundsiebzig große Person auftaucht und Sie wenig verständnisvoll ansieht. »Was bist'n du schon da? Und wieso hast du eigentlich mein Ladekabel versteckt? Reicht's dir nicht langsam, mir das Leben zu versauen?« Wer ist dieser Mensch? Was ist passiert mit Ihrem Goldschätzchen, das vor Kurzem noch mit Pandaohrenmütze herumgelaufen ist? Wann haben Sie den Faden verloren? Eins steht fest: Ihr Kind ist ein Teenager. Wie lange waren Sie abgetaucht und haben sich der Realität verweigert?

Sie haben eine Menge gelesen über Jugendliche, über ihr Bedürfnis nach Freiheit und Widerstand, und sich schließlich eingestanden, dass es nun mal im Wesen der Kindheit liegt, dass die Kleinen größer werden. Sogar auf eine Kommunikation per SMS-Sprache hatten Sie sich eingelassen und Ihrer Wertschätzung in Form bunter Einhörner Ausdruck gegeben. Aber jetzt läuft die Sache aus dem Ruder – für diesen Tornado hier gibt es keinen passenden Smiley. Denn das hier in Ihrer Wohnung ist kein Kind, es ist auch kein Teenager im Hormonchaos, es ist einfach nur eine fremde Person. Ein völlig unbekannter Mensch, der seinen Kopf in ein Sofakissen vergraben hat und etwas wie »Du nervst mit deinem Gelaber« und hin und wieder ein »Mhm« von sich gibt. Sie verstehen kein Wort.

Seit Sie akzeptiert haben, was Sache ist, stehen Sie unter Schock. Der Erziehungsberater von einst spielt mit dem Gedanken, sich arbeitslos zu melden. Sie beobachten den Teenie in Ihrer Wohnung wie ein Anthropologe, der einen Amazonasstamm erforscht. Sie haben nicht den leisesten Schimmer, wie Sie wieder mit ihm in Kontakt treten könnten; dass ein Straßentausch beim Monopoly nicht mehr ausreicht, um zum Komplizen zu werden, ist offensichtlich. Sie geben sich alle Mühe, seine Klamotten- und ideologischen Trends nachzuvollziehen, um vielleicht doch noch teilzuhaben an seiner Welt. Aber kaum, dass Sie begriffen haben, dass hinter der drei Nummern zu großen Jogginghose eine bewusste Entscheidung steckt, kein Irrtum, gibt es längst einen neuen Trend: Inzwischen werden die liebevoll gebügelten, brandneuen Slim-Jeans zerfetzt und zu *No-Future*-Shirts getragen.

Sie wollten so sehr gegen die Klischees ankämpfen, aber nun ist Ihr kleiner Engel doch zum Teufel geworden, zum unlösbaren Rätsel. Eben hat er Ihnen eröffnet, dass Sie der mieseste Elternteil des Universums und einfach nur oberpeinlich sind, und jetzt schwanken Sie zwischen der Option, ihn mit seinem eigenen Geburtsarmband zu erdrosseln oder sich selbst ein *No-Future*-Shirt zuzulegen – denn Ihre Beziehung scheint nicht mehr zu kitten zu sein.

Was sagt Levinas dazu?

Emmanuel Levinas war vermutlich nie ein rebellischer Teenie, der seine Eltern für unwahrscheinlich herzlose Spießer hielt. Dennoch sind seine Überlegungen zur Moral perfekt auf unsere Lebenslage zugeschnitten; geht es doch bei ihm um die grundlegende Frage, wie man am besten mit jemandem umgeht, den man einfach nicht mehr versteht. Und darin sind Jugendliche schließlich unschlagbar – in sämtlichen Disziplinen.

Durch das gesamte Werk von Levinas zieht sich ein entscheidendes Konzept, und das ist der »andere«. Dieser im allgemeinen Sprachgebrauch profane, bei ihm aber höchst philosophische Begriff bezeichnet unser Gegenüber, den Menschen, mit dem wir es zu tun haben und dem es nun mal einfällt, nicht wie wir zu sein. Der »andere« – das ist der, den man einfach nicht durchschaut, der nervt, weil er sich nicht richtig greifen lässt, den man so gerne hasst, der einfach widerspricht, kurz: der anders ist als ich, weil er eben nicht ich ist. Dieser »andere«, das können die Eltern sein, der Partner, irgendein Typ in der U-Bahn, der Arbeitgeber, die Nachbarin von gegenüber, aber eben auch und vor allem: der Teenager, mit dem man die Wohnung teilt.

Levinas beschreibt das ganze Paradox unserer Beziehung zu anderen Menschen mit der für seine Philosophie so charakteristischen Klarheit. Man erträgt ihn kaum, diesen »anderen«. Nie reagiert er so, wie man es sich wünschen würde, er hat andere Vorlieben als man selbst, ist seltsam, fremd, und doch, und das ist vielleicht das Erstaunlichste an der ganzen Sache, suchen wir unaufhörlich seine Nähe. Der »andere« fasziniert uns. Und statt ihm gegenüber einfach gleichgültig zu sein, was ja eine effiziente Lösung wäre, fordern wir andauernd, er möge bloß in der Nähe bleiben. Um alles in der Welt wollen wir begreifen, wie er tickt, wir schleichen um ihn herum und fördern mit wachsender Präzision Indizien zutage, die Licht ins Dunkel seines Wesens bringen mögen.

Im Umgang mit dem jugendlichen Kind offenbart sich dieser Widerspruch in seinem ganzen Ausmaß. Statt ihn gelassen mit der einen Hand am Joystick und der anderen am Handy seine Videospiele zocken und über uns fluchen zu lassen und darauf zu vertrauen, dass sich die Hormone schon wieder einkriegen werden, tanzen wir permanent um ihn herum und sind wie erstarrt angesichts der Vorstellung, dass das eigene Kind nicht genauso ist wie man selbst. Und dann bringt es noch nicht mal etwas, sich seine Sprache anzueignen, seiner Musik etwas abgewinnen zu wollen oder andersherum sich ins Zeug zu legen, um ihm die eigene Liebe zum Lesen nahezubringen. Kein Einsatz, keine Maßnahme, kein Wissen und kein Buch vermögen die Problematik dieses Verhältnisses zu lösen. Der »andere« bleibt ein unergründliches Rätsel – noch dazu eines, das selbst nur Verachtung für einen übrig hat. Und das ist auch gut so.

Denn genau hier setzt Levinas an. Er holt die zerrüttete Beziehung nicht nur aus der dunklen Sackgasse heraus, sondern führt sie weiter auf eine prachtvolle Allee, die wahrlich rosige Aussichten auf die Zukunft bietet. Der andere ist ja gerade deshalb so faszinierend, *weil* er eben nichts mit einem selbst zu tun hat; im Grunde verleiht er gerade deshalb unserem eigenen Leben einen Sinn. Weil unser Geist und Körper auf ihn reagieren – und das ist entscheidend. Zwar versteht man den »anderen« nicht – aber dafür lernt man durch die Reaktionen, die er in einem hervorruft, sich selbst immer besser kennen. Das eigene »Ich« formt sich über den Ausdruck, die Augen, die Sprache dieses Fremden, auch wenn oder weil dessen Verhalten einen immer wieder aus der Fassung bringt, völlig hibbelig macht, sich jeder Kontrolle entzieht. Im Umgang mit unserem Jugendlichen samt seinem ganzen Verhau entdecken wir Dinge über uns selbst. Sicher, es wäre bedeutend ruhiger und aufgeräumter ohne ihn – aber damit wäre auch die Chance vertan, uns weiterzuentwickeln, über uns nachzudenken und über uns hinauszuwachsen.

Letzten Endes wühlt uns der »andere« dermaßen auf, dass wir uns seiner annehmen und den Ärger notgedrungen ablegen. Als würde gerade sein Anderssein Sympathie für ihn hervorrufen und ein starkes Verantwortungsgefühl – also ein ethisches Empfinden, meint Levinas. Und so sieht man eben nach dem schon halb weggedämmerten Junior, sorgt sich, ob er auch gut heimgekommen ist von der Feier bei Freunden, deren Telefonnummern einem vorenthalten wurden, und ob er auch ordentlich zugedeckt ist – auch wenn er einen noch so ermüdet.

Durch die Jugendlichen erleben wir die Erfahrung des Andersseins besonders radikal. Man muss sie nicht verstehen – man fühlt sich so oder so verantwortlich. Aber die Herausforderung ist auch in anderen Beziehungen dieselbe:

nämlich für den »anderen« da zu sein, trotz Krise, Undankbarkeit oder Veränderung, bei aller Schieflage und auch wenn man vielleicht das Gefühl hat, für sein Engagement nicht gewürdigt zu werden. Dank Ihrer treuen Liebe und Empathie spielt Junior dann in irgendeiner glücklichen Zukunft auch wieder Monopoly mit Ihnen.

Ein paar Zeilen zu Levinas

(1906–1995)

Emmanuel Levinas wurde 1906 in Litauen geboren und erhielt eine jüdisch geprägte Erziehung. Die daraus resultierende Affinität zu Fragestellungen und kritischen Überlegungen blieb bis ins hohe Alter bestehen. Während seines Exils in der Ukraine entdeckte er die russische Literatur; insbesondere Dostojewski sollte einen herausragenden Platz in seinen Gedanken einnehmen. Ab 1923 studierte er Philosophie in Straßburg, wobei er konsequent mit den Sprachen jonglierte, um von den jeweiligen Besonderheiten zu profitieren. Bei einem Aufenthalt in Deutschland lernte er Heidegger kennen. 1930 wurde er in Frankreich eingebürgert. Er ließ sich für einige Jahre in Paris nieder, wurde dann jedoch eingezogen und geriet in deutsche Kriegsgefangenschaft. Fünf Jahre verbrachte er in deutschen Lagern. Die Einblicke in tiefstes menschliches Leid sollten ihn für immer verändern. Zugleich sprach er sich durch diese Erfahrung aber nach 1945 noch stärker für die Notwendigkeit aus, dem »anderen« die Hand zu reichen. Er plädierte noch stärker für die moralische Pflicht, dem »anderen« gegenüber nicht gleichgültig zu sein. Seine Philosophie steht für eine altruistische Ethik, nach der sich jeder von uns für den »anderen« verantwortlich fühlen sollte – eine Haltung, die es so in der zeitgenössischen Philosophie nicht gab und die Levinas auch noch lange nach seinem Tod im Jahr 1995 zu einem bedeutenden Philosophen macht.

Das Buch für den Krisenfall

Totalität und Unendlichkeit

1963 veröffentlichte Levinas seine bereits Jahre zuvor verfasste Doktorarbeit. Anspruchsvoll, gespickt mit gewagten Formulierungen, legt er dar, dass die Unendlichkeit letztlich nur über den »anderen« erreicht werden kann. Vor allem aber prangert er die Absurdität des Hasses an, mit einer Intensität, wie sie in der Philosophie nur selten zu finden ist. Stattdessen sei es essenziell, den »anderen« zu sehen, sich um ihn zu kümmern, auch wenn er uns fremd ist.

Philosophie hilft!

- Andere Menschen kommen einem *immer* seltsam vor – ganz einfach, weil sie anders ticken als man selbst. Das gilt insbesondere für Jugendliche.
- Gerade weil die anderen anders sind, erfahren wir von ihnen eine Menge über uns selbst.
- Die Moral aus der Geschichte: Kümmern wir uns um unsere Teenager, seien wir empathisch und verantwortungsvoll – auch ohne Gegenleistung!

Heidegger und das Hundefutter

Oder:
Wie ich den Tod meines
Haustieres überlebe

Sie waren eigentlich rein zufällig dort, weil Sie einen Freund begleiteten. Wie in einer dieser Geschichten, wo man mit zum Casting eines Kumpels kommt und dann selbst vom Regisseur für die Hauptrolle ausgewählt wird. Denn nichts anderes war es: Er hat Sie auserwählt, da gab es kein Entkommen. Wie zwei Revolver blitzten seine großen, schwarzen Augen aus einem der schäbigen Käfige des düsteren Zwingers heraus. Es war einer dieser Blicke, die einen voll erwischen. Mit seinem leicht zur Seite geneigten Kopf und den erwartungsvoll zurückgelehnten Hinterbeinen wartete er auf niemand anderen als genau Sie, und schon damals strahlte er diese unerschütterliche Treue aus. Dabei hatten Sie doch immer beteuert, nie einen Hund haben zu wollen. Das war einfach nichts für Sie. Dafür waren Sie sich viel zu sehr im Klaren darüber, dass, vielmehr noch als das Tier selbst, die permanente Verpflichtung zum ständigen Begleiter würde. An jenem Tag aber hatten Sie keine Wahl, trotz aller Bedenken – Sie mussten ihn einfach in den Arm nehmen, und es war offensichtlich, dass er Ihr Gesicht nicht zum letzten Mal abschlabbern sollte. Als Sie nach Hause kamen, war Ihnen noch gar nicht richtig klar, was dieses eingewickelte Päckchen nun eigentlich bedeuten würde. Ihrer leicht ungläubigen Familie erklärten Sie, dass er nur für ein paar Wochen bleiben würde; dabei wussten Sie genau, dass diese »paar Wochen« ein ganzes Leben andauern würden.

Nach den Vorschriften für Zuchthunde musste er einen Namen mit »G« als Anfangsbuchstaben bekommen. Allen Empfehlungen Ihres Umfelds zum Trotz – deren alberne Namensvorschläge die gesamte Hundespezies verhöhnten – nannten Sie ihn »Gustave-Johnson«. Ein etwas pompöserer Name würde ihm, so Ihre Hoffnung, uneingeschränkte Würde in seinem Königreich, sprich: bei Ihnen zu Hause, garantieren. Innerhalb kürzester Zeit hatte er jeden Quadratzentimeter Ihrer Wohnung eingenommen. Seine Erkundungen und die ab und an eingestreuten, liebevoll mit Speichel garnierten Abschleckattacken bildeten die Basis Ihres gemeinsamen Weges.

Gustave-Johnson verstand es, durch seine ganz eigene, wohlduftende Art geschickt die Rolle des Partners einzunehmen. Morgens öffneten Sie die Augen im Takt seines Hechelns, und während er wie wild geworden mit der Nase immer dicht an der Schwanzspitze auf Ihrem Bett im Kreis herumjagte und Sie sich schwerfällig in eine sitzende Position hochrappelten, konnten Sie nur staunen, welch unterschiedliche Gelenkigkeit Sie beide doch an den Tag legten. Mit der flammenden Begeisterung eines Sportlers, der nie genug bekommt, trottete er beim Fahrradfahren neben Ihnen her und kam im Sommer, wenn Sie baden gingen, mit ins Wasser. Wenn er, wie so häufig, seine Ohren spitzte und sich in die Rolle des privilegierten Gesprächspartners fügte, waren Sie hin und weg ob seiner Zuhörerqualitäten – selbst für die schmerzlichsten Krisensituationen schien er Verständnis aufzubringen. Nicht selten wurde er zum zuverlässigen Verbündeten, der es Ihnen erlaubte, vorzeitig nicht enden wollende Mahlzeiten zu verlassen, sich aus unangenehmen Gesprächen zu flüchten oder anstehenden Aufgaben zu entkommen – schließlich muss ein Hund regelmäßig nach draußen. Er lieferte Ihnen nicht nur unwiderlegbare Ausreden, sondern hatte dabei auch noch die Sympathien der Leute auf seiner Seite, die ihn augenzwinkernd auf seinem eigenen Instagram-Account likten, wo Sie seine gesammelten Scherze zur Schau stellten.

Natürlich waren da trotz allem auch die lästigen Verpflichtungen. Eine Ihrer meistgehassten Aufgaben war sicher das permanente Rausgehenmüssen, von früh morgens bis spät in die Nacht, bei jedem Wetter. Wenn es regnete und dem Hundekorb Schwaden aus nassem Fell und Trockenfutter entströmten, hätten Sie am liebsten die komplette Wohnung mit Chlor ausgewischt. Das Zusammenleben mit Gustave-Johnson schulte aber auch Ihr Verhandlungsgeschick – etwa, wenn in den Sommerferien wieder mal ein Hotelbesitzer, dem Sie zuvor versichert hatten, dass Ihr Hund, also bitte, ja wohl perfekt erzogen sei, Sie auf die schlammigen Pfotenabdrücke auf dem beigefarbenen Teppichboden im Flur aufmerksam machte, was Sie mit halb reuiger, halb fassungsloser Miene erstmal ziemlich bedröppelt dastehen ließ. Oder wie lächerlich Sie sich machten, als Sie die ganze Stadt nach seinem Lieblingsschmusetier durchkämmten, das auf einem Autobahnrastplatz liegen geblieben war. Und wenn er mal wieder in seiner Trampeligkeit Ihre komplette Wohnzimmerordnung durcheinandergebracht hatte, hätten Sie ihn eigentlich am liebsten angebrüllt. Regelmäßig drohten Sie mit Trennung. Aber letztlich konnten Sie einfach nicht auf ihn verzichten.

Aber dann, eines Morgens im Herbst, fragten Sie sich, wo er denn bliebe, um seine Milben auf Ihren seidigen Bettlaken abzuwerfen. Sie fanden ihn zusammengekauert in diesem verdammten Körbchen. Sein amorphes Ohr war seitlich verdreht, und in seinem sonst vor Lebendigkeit sprühenden Blick lag abgrundtiefe Ermattung. Der Tierarzt und Gustaves Gleichgültigkeit gegenüber dem Futter fällten schnell ein unwiderrufliches Urteil: Gustave-Johnson war unheilbar krank. Sie weigerten sich, die Nachricht zu begreifen, glaubten an die unerschütterliche Lebenskraft Ihres Kumpels und waren felsenfest überzeugt, dass Sie ein Leben lang zusammen wären. Es musste sich einfach um einen Irrtum handeln. Sie klapperten mehrere Spezialisten ab und setzten auf Behandlungen, die genauso verrückt waren wie Ihre Verweigerungshaltung. Aber Ihre Hoffnung konnte ihn nicht heilen. Trotz Ihrer unerbittlichen Entschlossenheit, trotz der Raffinesse, mit der Sie seine Medikamente in Teigkügelchen versteckten, und trotz der durchwachten Nächte, in denen Sie sich in irgendwelchen Online-Tierforen tummelten, hat er Sie heute verlassen. Keine feuchte Schnauze mehr, kein Fiepen, keine unruhigen Blicke, die Sie aus dem Konzept bringen sollen. Die Wohnung ist unerträglich leer. Der Tod Ihres Hundes, Ihres Gefährten, lässt Sie allein vor dem schwindelerregenden Abgrund des hundegebellfreien Nichts.

Was sagt Heidegger dazu?

Heidegger, dessen Denken im Wesentlichen geprägt ist von den Konzepten Sorge, Angst als Grundbefindlichkeit und der Frage nach dem Sinn von Sein, hat mit Hundefutter nicht viel am Hut. Im Gegenteil: Eine der Stärken seines Denkens liegt gerade darin, uns aufzuzeigen, wie viel Lebenszeit wir eigentlich mit banalen Alltagsdingen, Nichtigkeiten und sinnlosem Gerede verbringen. Auf Grundlage dieser Erkenntnis kann er uns auch helfen, wieder Ordnung zu bringen in unsere Welt und zurückzufinden zu Authentizität und Sinnhaftigkeit – und wenn es durch so traumatische Ereignisse ist wie den Tod unseres Hundes.

Denn der Tod nimmt einen besonderen Platz ein in der Philosophie Heideggers – und der Verlust unseres Hundes bietet die Gelegenheit, sich mit den Gedanken Heideggers zum Tod auseinanderzusetzen und unseren Kummer in eine Chance zu verwandeln – nämlich in die Chance, uns selbst besser zu begreifen und zu erfassen, wo unsere Existenz sich hinbewegt. Dazu muss man allerdings bereit sein, dem Tod ins Angesicht zu blicken. Heidegger zufolge wird der Tod nämlich von den meisten Menschen als eine Art Alltagspanne angesehen, als banales Ereignis, mit dem man sich nicht weiter beschäftigen muss, da es sowieso jeden irgendwann erwischen wird. Also konzentrieren sich die Leute lieber auf nutzlose, belanglose Dinge, statt sich mit ihrem unvermeidlichen Ende zu befassen, gegen das sie sowieso nichts ausrichten können. Solange der Tod nichts weiter ist

als ein Konzept in weiter Ferne, etwas Unbestimmtes mit
unklarem Fälligkeitsdatum oder ein Totenkopfaufdruck auf
einem Pullover, ist es einfach, ihm auszuweichen. Die Sache
ist schließlich noch ewig hin. Klar wird man eines Tages
sterben – aber dieses »man« ist ja niemand Bestimmtes.
Also geht man völlig unbekümmert in aller Seelenruhe seinen familiären, beruflichen und gesellschaftlichen Verpflichtungen nach, ohne auch nur ab und an zu erschauern.

Aber angesichts des verwaisten Hundekörbchens nimmt
dieses »man«, dem wir so gleichgültig gegenüberstanden,
ein völlig anderes Gesicht an. Plötzlich wird der Tod zur Ab-
wesenheit von Zärtlichkeit und liebevollen Gefühlen. Man
kann sich seinem Blick nicht mehr entziehen. Er trifft einen
brutal, und die ganze Macht der Bedeutungslosigkeit ist mit
einem Mal dahin. Das ist der Moment, in dem man der End-
lichkeit nicht mehr auskommt, in dem man aufs Gnaden-
loseste erfährt, was Heidegger als Dasein bezeichnet, als unser ganz persönliches Sein, das, was uns einzigartig macht.
Dieser Tod ist nicht einfach nur eine Tragödie, die in unserer
Wohnung stattfindet – er ist Ausgangspunkt für ein authen-
tischeres Leben, für ein Leben, das nicht mehr in tausend
Aktivitäten ertrinkt und in Sorgen, die keine sind, für ein
Leben, in dem wir uns nicht mehr mit künstlichen Zwängen
herumplagen wie ein paar Fußabdrücken auf einem beigefarbenen Teppich.

Für Heidegger spaltet sich unser Dasein in zahlreiche
Facetten auf, insbesondere in die, die uns zum »Sein zum
Tode« macht, also zu einer Daseinsform, die zum Sterben
bestimmt ist. Dieser Begriff ist bei Heidegger aber nicht

negativ besetzt; er will lediglich aufzeigen, dass der Tod Teil unserer menschlichen Realität ist. Indem wir unserem Ende ausweichen und es durch Gleichgültigkeit überspielen, versuchen wir, der eigenen Natur zu entfliehen. Wer sich weigert, den Tod zu denken, weigert sich, unsere grundlegende, unabdingbare Angst davor anzuerkennen, dass das Leben eines Tages enden wird. Wer diese Tatsache dagegen annimmt und über den Tod des eigenen Hundes lernt, sich auch mit seinem persönlichen Ende auseinanderzusetzen, der begreift sich selbst und gibt seinem Leben Sinn, Authentizität. Er erkennt an, dass das Ende unausweichlich ist und damit der Kern des Lebens selbst. Sobald man auf die Welt kommt, ist man auch schon alt genug zu sterben. Und das gilt für Menschen genauso wie für Hunde.

Ein authentisches Leben geht für Heidegger mit dem Wissen um den unausweichlichen Tod einher, mit dessen aufrichtiger Akzeptanz. Bewusst mit dem Verlust umgehen, ihn in aller Klarheit beherzt annehmen, lässt den Menschen aufrichtig durch den Alltag gehen, jenseits aller Banalitäten und nutzlosen Dinge. Auch wenn es verführerisch ist, sich nach dem Abgang unseres treuen Gefährten im Hundekörbchen zusammenzurollen, sich an das Kauspielzeug zu klammern und alles nur Denkbare zu tun, damit der Schmerz vorübergeht – widerstehen wir der Versuchung zu leugnen, was nun einmal ist. Denn durch den Tod unseres geliebten Tieres haben wir die Chance, all unseren Mut zusammenzunehmen, uns auf die Hinterbeine zu stellen und uns der Lücke in ihrer ganzen Unerbittlichkeit zu stellen. Übrigens: Wäre »Dasein« nicht ein hübscher Name für Ihren nächsten Hund?

Ein paar Zeilen zu Heidegger

(1889–1976)

1889 wurde Martin Heidegger in Meßkirch in eine streng katholische Familie geboren. Seit seiner Jugend verschlang er sowohl theologische Schriften als auch Texte von Aristoteles. Eigentlich wollte er Priester werden, gab das Vorhaben jedoch auf, da er Religion und Philosophie für unvereinbar hielt. 1916 wurde er persönlicher Assistent des Philosophen Edmund Husserl; er teilte seine Begeisterung für die Phänomenologie. So sehr er Husserl bewunderte, so schnell ging er auch wieder auf Distanz. 1923 wurde er an die Universität Marburg berufen. Sein Einfluss auf einen Großteil seiner Studenten war beträchtlich; viele von ihnen wurden große Denker, darunter etwa Hannah Arendt, Leo Strauss und Hans Jonas. In seinem Werk beschäftigte sich Heidegger vor allem mit der Frage nach dem Sein, danach, was unsere Existenz eigentlich ausmacht. So düster die Dreißigerjahre in politischer Hinsicht waren, so erhellend waren sie für die Philosophie; im Bereich der Metaphysik waren die Entwicklungen derart aufrührerisch, dass sie die Nachwelt unweigerlich prägten.

Das Buch für den Krisenfall

Sein und Zeit

Das 1927 veröffentlichte Werk setzt trotz seiner nicht einfach zu verstehenden Sprache Maßstäbe für die zeitgenössische Metaphysik. In bislang nicht da gewesener Weise erkundet Heidegger darin die Bedeutung des Seins und liefert eine Analyse der vergehenden Zeit, die helfen kann, das Wesen des Seins besser zu begreifen.

Philosophie hilft!

- Indem wir uns nur mit sinnlosen Dingen beschäftigen, kommt uns der Sinn des Lebens abhanden.
- Jeder ist ein »Dasein«, ein einzigartiges Wesen.
- Sich bewusst mit dem Tod zu befassen ist nicht deprimierend, im Gegenteil: Es verleiht dem Leben einen Sinn und ermöglicht erst, es zu genießen, anstatt sich mit lauter unnützen Dingen zu überladen.

Kant und das Verlassenwerden

Oder:
Wenn Vernunft und Leidenschaft getrennte Wege gehen

16:24 Uhr. Sie brennen vor Ungeduld. Es ist wie früher in der Schule, als manche Stunden einfach nie zu Ende gingen, als die Zeit sich hinzog wie Kaugummi und die Sekunden aneinanderklebten wie Karamell. Zehn Tage haben Sie ihn jetzt nicht gesehen, seit Sie in die Ferien aufbrechen mussten, jeder in die eigenen, zur ersten Reise ohne den anderen seit Beginn Ihrer Geschichte. Zehn Tage, in denen Sie Souvenirs angehäuft haben, die das einzige Ziel verfolgen, mit ihm geteilt zu werden. Das geliebte Wesen fehlt so sehr – und jetzt werden Sie sich endlich wiedersehen. Die Aussicht darauf raubt Ihnen den Verstand, Sie fühlen sich zerbrechlich und nervös zugleich, Sie streifen ziellos durch die Wohnung, rufen Freunde an, nur um sich abzulenken, räumen hektisch den Schrank auf, nur damit irgendwie die Zeit vergeht. Sie sind rastlos wie ein Kind auf dem Rummelplatz. Unmöglich, sich auf etwas zu konzentrieren, an irgendetwas anderes zu denken als an die bevorstehende Wiedervereinigung.

Um 17 Uhr halten Sie es nicht mehr aus; Sie beschließen, zu Fuß zum Treffpunkt zu gehen. Unterwegs lassen Sie die fiebrige Leidenschaft des zurückliegenden Monats Revue passieren. Die verkürzten Nächte, die raschen Fluchten aus dem Büro, um wenigstens für einen kurzen Augenblick zusammen zu sein, das nicht aufhören wollende gemeinsame Lachen und die Abendessen zu zweit stellten die romantischsten Liebeskomödien in den Schatten, so Lovestorymäßig trieft Ihre Verbindung vor Glück. Sie leben ein Klischee; es ist leicht zu kritisieren, aber einfach wundervoll. Die Menschen in Ihrem Umfeld werfen Ihnen vor, nicht mehr greifbar zu sein, Ihre Klarsicht verloren zu haben, sagen, dass sie sich Sorgen machen. Ihre Eltern finden, das gehe alles etwas zu schnell. Ihre Freunde stoßen sich an seinen Macken und betonen seinen schlechten Charakter. Sie warnen, sie finden ihn daneben und vulgär. Ihre Schwester sammelt Beweise dafür, dass er Sie nur ausnutzt. Sie aber sind überzeugt, dass alle diese Leute doch nur verbittert sind oder eifersüchtig oder dass sie es vielleicht auch einfach nur nicht gewohnt sind, Sie in einer Partnerschaft zu sehen. Sie streiten alles ab, sind blind ob der Schönheit, des Humors und unwiderstehlichen Charmes. Sollen die Leute doch sagen, was sie wollen – Sie würden Ihrem Herzblatt überallhin folgen, bis tief in seine dunkelsten Leidenschaften hinab, auch wenn sie jenseits Ihrer Moralvorstellungen und Gewohnheiten liegen, denn so kraftvoll wie mit ihm haben Sie sich überhaupt noch nie gefühlt. Stimmt schon, Sie sind völlig überwältigt vom Wirbelwind der Liebe, das geben Sie gerne zu, von einem Sturm, der in Ihrem Inneren tobt; aber dieses Wesen wird, auch wenn es im Moment nur eine meteorologische Störung ist, es wird, davon sind Sie überzeugt, Ihre andere Hälfte sein, in guten wie in schlechten Zeiten.

Sie kommen am vereinbarten Treffpunkt an. Natürlich zu früh. Dafür ist der große Moment jetzt zumindest in greifbare Nähe gerückt. Sie strahlen: endlich wieder hier, in diesem gemütlich eingerichteten Café, das sich so gut eignet für intime Verabredungen. Unaufhörlich müssen Sie an die ersten Minuten denken, in denen Sie endlich wieder vereint sein werden, an diese kostbaren Augenblicke, in denen sich Erleichterung, Begierde und Aufregung zu einer wirren Mischung der Gefühle zusammenfügen. Diese gesegneten Augenblicke, die das Herz vor lauter Aufregung schneller schlagen lassen als beim Kardiotraining. Ihre Garderobe ist mit Bedacht gewählt, lässig genug, um nicht lächerlich aufgesetzt zu wirken, aber doch so sorgfältig kombiniert, dass es ihn einfach umwerfen wird. Selbst der Kellner scheint plötzlich zum Komplizen Ihres Glücks geworden zu sein. Jetzt kann nichts mehr Ihr Vertrauen in die Zukunft erschüttern. Und dann erspähen Sie ihn endlich, beobachten, wie er sich einen Weg durch die Gäste bahnt. Sie sind viel zu überwältigt, um seinen abgespannten Ausdruck zu bemerken, und mit seligem Lächeln im Gesicht machen Sie sich bereit, um à la Julia Roberts aufzuspringen und ihm um den Hals zu fallen.

Doch als ihn nur noch Zentimeter von Ihrem Tisch trennen, wird Ihnen klar, dass er keine besondere Lust hat, den Richard Gere zu geben. Sicher ist er müde. Wenn das Herz zu kentern droht, findet man für alles eine Ausrede. Der erste Stich, ein kleiner Elektroschock der Enttäuschung. Aber das ist gar nichts verglichen mit dem, was noch kommen wird. Statt eines Reigens von Küssen sehen Sie sich eisiger Kälte gegenüber. Ein paar hingenuschelte Worte bündeln seinen Zweifel, die Gleichgültigkeit, die Unfähigkeit, Farbe zu bekennen. »Es liegt nicht an dir, sondern an mir« – als wäre die Sprache der Trennung ebenso banal wie die der Verliebtheit. Was als romantische Komödie gedacht war, gerät zur Tragödie. Um sie herum mitleidige und betretene Zuschauer. Ihr Herzblatt lässt Sie sitzen und begleicht noch nicht einmal die Rechnung. Der Geliebte ist weitergezogen, um sein Leben anderswo zu führen. Sie stehen unter Schock, sind vernichtend geschlagen. Sie spähen in Richtung Ausgang, ob er nicht doch noch eine Kehrtwende macht, die kalte Dusche ist einfach zu eisig. Nein, Sie werden sich damit abfinden müssen: Er hat sich verzogen und wird nicht wiederkommen. Ehelos lässt er Sie zurück, Ihr Mann, und die Seele ist jetzt nicht mehr aus Vorfreude in Aufruhr, sondern aus Trauer und völliger Verständnislosigkeit.

Um 18:30 Uhr sind Sie am Boden zerstört. Vorbei ist die Leidenschaft, das Herz ist schwer, die Augen feucht. Sie sind sprachlos, völlig losgelöst von sich selbst, und Sie haben das Gefühl, während der letzten Monate einen einzigen, breit angelegten Schwindel gelebt zu haben. Wie kann es sein, dass er so urplötzlich seine Meinung ändert? Wie aufrichtig ist er wirklich? Ihre Lieben können Sie auch nicht anrufen – sie würden doch nur triumphierend auf ihre Intuition pochen. Mal abgesehen davon, dass Sie einen eisgekühlten Wodka und ein paar handfeste Worte brauchen, um Abstand zu gewinnen und wieder auf den Boden der Tatsachen zu kommen, haben Sie keine Ahnung, was Sie jetzt tun oder denken sollen.

Was sagt Kant dazu?

Kant war in Sachen Liebe nicht sonderlich bewandert. Sein Leben eignete sich auch nicht besonders für stürmische Episoden, widmete er seine Tage doch auf immer gleiche Weise der Meditation und Lehre. Keine Liebelei, keine amourösen Wirrungen konnten dieses rein intellektuelle Leben durcheinanderwirbeln. Kants Alltag war ausschließlich auf die Vernunft und ihre Anwendung ausgerichtet. Und genau diese Beständigkeit sollte uns inspirieren – um unseren Kummer zu lindern und damit wir nicht noch einmal in eine derart zerstörerische Leidenschaft tappen.

Das Verdienst des Kant'schen Denkens liegt darin, dass er sich nicht damit zufriedengibt, Vernunft und Leidenschaft einander gegenüberzustellen. Statt das eine auf- und das andere abzuwerten, legt Kant dar, auf welche Weise beide funktionieren. Als Vernunft bezeichnet er dabei alles, was nicht aus Erfahrung, sondern aus Überlegung resultiert: Um über eine Sache nachdenken zu können, muss man sich ihr nicht direkt aussetzen, man muss sie nicht selbst erleben, berühren oder spüren. Die Vernunft ist ein Leitstern, ein Analyseinstrument, das uns Abstand gewinnen und Schlüsse ziehen lässt, das uns Erkenntnisse beschert und uns erlaubt, mit Bedacht zu handeln. Die Leidenschaft dagegen ist ein Gefühl, das sich durch keinen Vorsatz und keine Handlung beherrschen lässt. Sie versetzt den Geist in einen Zustand, auf den die Vernunft keinen Einfluss hat. Leidenschaft ist für Kant nicht nur ein Gefühl, sondern nichts weniger als eine

Krankheit der Seele – dieser starke Begriff ist sehr bewusst gewählt. Und genau diese den Geist vergiftende Leidenschaft drückt sich aus in der Aufregung des Liebenden, in seiner Erwartung, Ungeduld, in der Idealisierung des anderen. Die Vernunft löst sich auf im Fieber der Leidenschaft, und so verlieren wir jedes Urteilsvermögen, verlieren den Bezug zur Realität.

In seiner *Anthropologie* geht Kant aber noch einen Schritt weiter. Nicht nur definiert er, was Leidenschaft ist – er deckt auch die Risiken auf, die mit ihr einhergehen. Leidenschaftliche Liebe ist Kant zufolge gefährlich, da sie unweigerlich zu moralisch verwerflichen Handlungen führt. Wie bringt er nun Leidenschaft und Unmoral in Zusammenhang? Ganz einfach: Leidenschaft verhindert Reflexion. Wer verliebt ist, ist nicht mehr in der Lage, auf die eigene, innere Vernunft zu hören, geschweige denn auf Eltern oder Freunde. Vergleiche anstellen, Sachverhalte beurteilen oder abwägen, eine Wahl treffen, den anderen mit etwas konfrontieren, Dinge infrage stellen – all das funktioniert nicht mehr. Der Liebende befindet sich im Auge des Sturms, zählt nur noch die Minuten, die ihn von dem geliebten Menschen trennen, ist geschwächt, wenn er nicht bei ihm ist, um sein Feuer anzufachen. Die Begeisterung reißt ihn völlig mit. Und da die Vernunft Kant zufolge die Basis für das Gesetz der Moral bildet, fehlen ihm die notwendigen Mittel, um moralisch zu handeln. Moralisch handeln bedeutet so zu handeln, dass dieses Handeln zum allgemeingültigen Gesetz werden könnte. Vor jeder Handlung gilt es sich also zu fragen, ob sie der Allgemeinheit zugutekommt. Und dazu muss man den Verstand einschalten, statt auf sein Herz zu hören, wie es im Takt der Küsse und Liebesbeteuerungen auf Hochtouren läuft. Vernunft und Moral sind also eng miteinander verknüpft – wer eines einbüßt, verliert auch das andere.

Und das ist nicht alles. Wen die Leidenschaft mitreißt, der riskiert nicht nur, unmoralisch zu handeln, sondern der beschränkt sich auch in seiner Freiheit. Denn wenn man nicht mehr vernünftig denken kann und keinen Abstand mehr hat zu den Dingen, vergisst man, was eigentlich gut für einen ist. Man bindet sich an einen Menschen, ohne die Chance gehabt zu haben, sich zu fragen, ob das überhaupt im Sinne des eigenen Wohlergehens ist. Die Leidenschaft macht uns zu Sklaven von etwas, das außerhalb unserer selbst liegt und auf das wir keinerlei Einfluss haben. Wir lassen uns von einem letztlich völlig haltlosen Gefühl an der Nase herumführen – denn ist das Begehren erst gestillt und ist die Beziehung in trockenen Tüchern, verflüchtigt sich die Leidenschaft möglicherweise so schnell, wie sie gekommen ist, und man bleibt heulend allein im Café zurück. Leidenschaft geht immer mit einem Rausch einher, wir verlieren uns im anderen – und dieser Abstand zur eigenen Vernunft ist es, was dem Philosophen Kant unbegreiflich ist.

Kant rät zwar, sich von der Leidenschaft zu verabschieden, doch das bedeutet nicht zwangsläufig, den Rest seines Daseins im Zölibat zu fristen, im Gegenteil: Wer Leidenschaft von Liebe zu unterscheiden weiß, der sei getröstet. Denn für so falsch, krankhaft und flüchtig Kant die Leidenschaft auch hält, so wenig hat er an der wahren Liebe etwas auszusetzen, also an einer dauerhaften, vernunftbasierten Beziehung. Wer liebt, behält einen klaren Kopf, seine Gefühle entspringen seinem freien Willen, keiner Illusion. Sein Erleben ist zwar weniger bewegt, steht dafür aber auf festem Boden. Wer Leidenschaft mit Liebe verwechselt und der Liebe entsagt, um nicht zu leiden, der verzichtet auf das Wunder, Herz und Vernunft miteinander in Einklang zu bringen. Also: Statt sich weiter von der eigenen Leidenschaft drangsalieren zu lassen, trocknen Sie Ihre Tränen, verschaffen Sie sich wieder Zugang zu Ihren geistigen Fähigkeiten und werfen Sie Ihre leinwandgeprägten Klischees über Bord. Setzen Sie auf die Suche nach der wahren Liebe statt auf den Taumel der Leidenschaft – die Reise wird schöner, sie wird länger dauern und noch dazu deutlich stärker wirken als ein eisgekühlter Wodka.

Ein paar Zeilen zu Kant

(1724–1804)

Immanuel Kant wurde 1724 im preußischen Königsberg als viertes von neun Kindern geboren. Er wuchs in bescheidenen, frommen Verhältnissen auf und verließ seine Heimatregion zeitlebens nicht. 1740 stieß er an der Universität auf die Physik Newtons und war fasziniert von der Möglichkeit, dass Wissenschaft a priori möglich ist, also ohne weitere Beweise. Kant zählt zu den bedeutendsten deutschen Aufklärern und war einer der ersten Philosophen, der an der Universität lehrte. Er war bekannt für seinen strikt eingehaltenen, immer gleichen Tagesablauf, der weder ein Familienleben beinhaltete noch romantische Beziehungen. Er hielt zahlreiche Vorlesungen und widmete die verbleibende Zeit ganz seiner philosophischen Arbeit, in der er sich mit Fragestellungen zu Moral, Ästhetik und Politik beschäftigte. An seinem bekanntesten Werk, der 1781 erschienenen *Kritik der reinen Vernunft*, arbeitete er ganze elf Jahre. Er zeigt darin, warum die Metaphysik keine eindeutigen Erkenntnisse liefern kann. Immanuel Kant starb 1804 in seiner Heimatstadt. »Es ist gut«, waren angeblich seine letzten Worte. Bis heute ist Kant von großer Bedeutung in der Philosophie.

Das Buch für den Krisenfall

Anthropologie in pragmatischer Hinsicht

Die 1798 publizierte Sammlung von Vorlesungen ist sicher nicht Kants berühmtestes Werk. Er beschäftigt sich darin mit so unterschiedlichen Bereichen wie der Anthropologie, der Mathematik oder auch der Physik. Im Mittelpunkt der Analyse steht der Mensch mit allem, was ihn umtreibt – inklusive der Liebe.

Philosophie hilft!

- Die Leidenschaft raubt uns die Fähigkeit, vernünftig zu denken. Sie schwächt uns, weil wir nicht mehr in der Lage sind, Dinge zu hinterfragen.
- Die Leidenschaft beraubt uns auch unserer Moral und Freiheit. Die Vernunft wird ausgehebelt, man denkt nur noch an den anderen und nicht mehr an sich selbst.
- Liebe und Leidenschaft gilt es zu unterscheiden. Während Leidenschaft mit Leid verbunden ist, ist die Liebe belastbarer und von längerer Dauer. Sie gründet sich auf unser Fundament, die Vernunft.

Bergson und sein Start-up

Oder:
Arbeit als Selbsterschaffung

Das war's, es ist vollbracht. Während andere ihre beschränkte Freiheit nutzten, indem sie brav einen Tag Urlaub nahmen, haben Sie an jenem Freitag im September den Absprung geschafft und Ihren Firmenausweis abgegeben. Mit theatralischer Geste in Richtung Überwachungskamera, auf dass Ihr Abtreten von der firmeninternen Filmstarliste auch ordentlich festgehalten werden möge, ließen Sie Ihre tägliche Eintrittskarte, das Sinnbild für zwölf Jahre Angestelltendasein, lässig auf den Boden vor dem Empfangstresen segeln. Nicht mal an das verbleibende Guthaben für den Kopierer, das noch auf dem Plastikteil gespeichert war, haben Sie gedacht. Sie fühlten sich befreit. Haben rechtzeitig die Segel gestrichen, bevor die Zwänge des Unternehmens Sie und Ihre mentale Gesundheit endgültig fertiggemacht hätten. Das war's für Sie mit Briefings um 08:15 Uhr morgens. Schluss mit den simplifizierenden PowerPoint-Präsentationen. Schluss mit dem versteckten Handy unterm Tisch und den verstohlen abgerufenen Facebook-Benachrichtigungen. Nie wieder würden Sie das frostige Schweigen der Kaffeemaschine ertragen müssen, genauso wenig wie die verkochte Pasta der Kantine. Was für ein unschätzbarer Luxus, den Job hinzuschmeißen aus dem einzigen Beweggrund, von nun an ein besseres Leben zu führen. Sie würden

Ihr eigener Chef sein und Ihre Visitenkarten das äußerliche Gegenstück zu Ihrem geistigen Reichtum.

Diese Entscheidung war der ultimative Befreiungsschlag. Ausdruck des Offensichtlichen, der Emanzipation. Als Sie Ihre letzten persönlichen Dinge zusammenpackten an jenem anonymen Ort, ist Ihr Blick auf die Kollegen wohlwollend, fast empathisch. Es ist so dermaßen überholt, dieses Angestelltenleben. Für Sie dagegen würde der Casual Friday fortan schon ab Montag gelten, im Coworking Space würden Sie sich Biomüsliriegel teilen, die Wochenenden würden Sie lässig auf die Wochenmitte verlegen, und natürlich würden Sie von der fantastischen Möglichkeit profitieren zu arbeiten, wo und wann Sie wollen. Das klassische Start-up-Dasein eben, für das es nichts braucht außer einer 4G-Internetverbindung. Der eigene Laden war gegründet, und Sie waren glücklich, endlich Ihre wahre Natur mit dem Berufsleben in Einklang zu bringen. Die Vorstellung, abendelang zu brainstormen und permanent vor Kreativität überzusprudeln, ließ Sie innerlich jubeln. Ihr Wohnzimmer würde ein Hort der Klugheit und der Success Storys werden – und ganz nebenbei würden Sie sich auch noch den lästigen Arbeitsweg mit den Öffentlichen sparen. Was Sie ab jetzt anpackten, bekam plötzlich den Sinn, nach dem Sie so lange gesucht hatten. Sie fühlten sich als Gebieter über Ihr Schicksal und über die strategische Ausrichtung Ihrer Aktivitäten. Ihre Eltern gratulierten trotz Bedenken, Ihre Freunde beneideten Sie, und Ihre Geliebten bewunderten Ihr Durchhaltevermögen. Die erste Zeit waren Sie so voller Elan und Vertrauen, dass Ihnen unter der Jeansjacke regelrecht Flügel wuchsen. Am Farb-

schema Ihrer Website zu feilen wurde zu Ihrer Lieblingsbeschäftigung, endlich prallte Ihre Kreativität nicht mehr an
den Grenzen eines staubigen Organigramms ab. Mit wem
auch immer Sie sprachen, Sie priesen die Vorzüge des Unternehmertums.

Nach nur sechsmonatiger Idylle unter den neuen Arbeitsbedingungen schlichen sich die ersten seltsamen Manien in
die Coolness Ihres Sofa-Workings ein. Wie besessen checkten Sie fast permanent Ihre Mails. Selbst beim Abendessen
schielten Sie noch mit einem Auge auf Ihr Smartphone, die
Hand immer griffbereit, für den Fall, dass die Nachricht eines
Kunden einginge. Sie wollten besonders schnell reagieren,
besonders vorbildlich arbeiten, nur um schließlich verblüfft
festzustellen, dass der Druck, den man sich selbst macht,
weit schlimmer ist, als wenn er vom Vorgesetzten kommt.
Immer um ein gutes Image bemüht, beantworteten Sie sämtliche Kommentare zu Ihren Produkten in den sozialen Medien persönlich. Die Nächte verbrachten Sie auf Instagram,
statt Schafen zählten Sie Ihre Likes.

Sie waren ins Zeitalter der Dauerbeanspruchung eingetreten. Wenn Ihre Lieben fanden, dass Sie irgendwie rote
Augen hätten, schoben Sie das Adrenalin vor, das sich nun
mal auf die Durchblutung auswirke. Die sonst so friedvollen
Sonntagvormittage standen im Zeichen der Telefonkonferenzen mit Ihren ausländischen Lieferanten. Während diese
von den Gesetzen des Kapitalmarktes sprachen, dachten Sie
wehmütig an die Zeiten zurück, als ein »Markt« einfach nur
dafür da war, den schönsten Kohlkopf auszuwählen. Und
auch wenn Sie immer wieder damit prahlten, wie bequem es

doch sei, den ganzen Tag in normalen Klamotten herumzulaufen, hatten Sie in Wirklichkeit kaum eine Minute, um sich überhaupt anzuziehen und an das Nötigste zu denken.

Ihr Leben war zu einem 24/7-Vertrag geworden, inklusive Sonderklausel zu Risiken und Misserfolgen. Inmitten des Strudels Ihres Aufstiegs empfanden Sie es längst als normal, an den Feiertagen die Buchhaltung zu erledigen, die Lebensversicherung anzugraben, um sich zumindest ein Minigehalt auszahlen zu können, und abends im Bett über Gesellschaftssatzungen zu plaudern. Überlastung wurde zum Dauerzustand. Wie ernst es um Sie stand und dass Sie sich der Situation dringend stellen mussten, wurde Ihnen aber erst so richtig klar, als Sie Ihrem Nachbarn erklärten, dass Urlaub etwas für unambitionierte Faulenzer sei. Sie waren vom coolen, entspannten Start-upper zum kontrollsüchtigen, besessenen Zombie mutiert. Und da war nicht mal mehr ein Chef, auf den sich die Verantwortung abwälzen ließe. An eine Sache wirklich zu glauben ist großartig – vor die Hunde zu gehen eher weniger. Da stehen Sie nun, völlig ausgelaugt, und träumen von Spaghetti Bolo aus der Kantine, von vorgeschriebenen Kleiderordnungen und festen Arbeitszeiten. Die Zeit geht dahin und hat Sie einfach überholt. Jetzt muss schnellstens ein überzeugendes Statement zu den Vorzügen der Unabhängigkeit her – sonst verbrennen Sie noch heute Ihre Visitenkarten und machen sich auf den Weg zur Arbeitsagentur.

Was sagt Bergson dazu?

Henri Bergson war sicher eine Nummer zu steif für einen
täglichen Casual Look. Sein Reich ist die Zeit – eine Ge-
meinsamkeit mit Marcel Proust, seinem angeheirateten
Cousin. Und das ist es ja genau, was Ihnen gerade am meisten fehlt. Ein wenig Zeit, Geduld und die Muße nachzudenken und sich vor Augen zu führen, was Sie schon erreicht
haben, ganz alleine – genau das brauchen Sie jetzt, damit der
Funke wieder überspringt. Dass Sie das Vertrauen verloren
haben, liegt allein am Verlust Ihrer Vision. Sie sind nicht
nur durch die viele Arbeit so erschöpft, sondern weil Ihnen
angesichts der tausend täglichen Aufgaben der Elan abhandengekommen ist. Er ist verpufft, der Glamour der Erobe-
rungslust. Aber keine Sorge: Bergson wird Ihnen behilflich
sein, sich wieder ins Gedächtnis zu rufen, wie es gekribbelt
hat am Anfang.

Dazu macht er sich zunächst Gedanken über die unver-
meidliche Phase der Kraftanstrengung, an der keiner vorbei-
kommt, der etwas erreichen will. Die entscheidende Etappe,
die den Lehrling zum Fachmann macht und den blutigen
Anfänger zum Kämpfer. Die Kraftanstrengung zu erklären,
zu wiederholen, zu ertragen, zu warten. Und vor allem die
Kraftanstrengung, Hindernisse zu überwinden. Arbeit ist
beschwerlich, anstrengend, da nimmt Bergson kein Blatt
vor den Mund. Und genau das macht sie so unschätzbar
wertvoll. Viel wertvoller noch als den Erfolg, die Kompli-
mente oder die Anzahl der positiven Bewertungen. Weil wir

nämlich genau durch diese Arbeit über uns selbst hinausgewachsen sind, weil wir einen Raum betreten haben, der uns unerreichbar schien, weil wir ungeahnte Ressourcen aus uns herausgeholt haben. Ohne Widerstand, ohne Unvorhersehbarkeiten, ohne Plackerei wäre dieses Über-sich-Hinauswachsen nicht möglich gewesen. Wer sich von irgendwelchen nervenden Dingen trennt oder sich gegen eine etablierte Ordnung wehrt oder von einem gesellschaftlich höher angesehenen Beruf träumt, der verlässt noch lange nicht seine Komfortzone. Dazu muss man die eigenen Kräfte schon wirklich auf die Probe stellen und sich eine glasklare Entschlossenheit bewahren, um auch bei unliebsamen Überraschungen nicht einzuknicken. Dann übersteht man eben mal zwei, drei Wirbelstürme und verbringt ein paar Nächte vor dem Bildschirm. Mag sein, dass man vielleicht ein bisschen frustriert ist über den fehlenden Urlaub; aber am Ende wird mit etwas Geduld die große Freude überwiegen, es geschafft zu haben und zu erkennen, dass das Leben an Bedeutung gewonnen hat.

Bergson ist aber nicht nur deshalb der passende Denker für Start-upper, weil er uns die Schönheit von Hindernissen erkennen und uns beim Ausfüllen des x-ten Behördenformulars nicht verzweifeln lässt. Er ist es auch, weil er seine Definition von Kraftanstrengung um den Aspekt der Schaffenskraft erweitert, die seiner Meinung nach gar nicht genug wertgeschätzt werden kann. Hindernisse für den Chef aus dem Weg zu räumen ist viel weniger anstrengend, als dasselbe für sich zu tun. Dass die Freude am Ende überwiegt, liegt ja nicht daran, dass man gelitten hat wie ein Hund oder mit einer Menge Schwierigkeiten fertiggeworden ist. Es liegt vor allem daran, dass man ungeheuer stolz darauf ist, durch seine Arbeit etwas erschaffen zu haben – wie der Künstler, der eine Leinwand bemalt, die Mutter, die ihr Kind zur Welt gebracht, oder der Gelehrte, der ein bestimmtes Konzept entdeckt hat. Ein Unternehmer, der sein eigenes Business entwickelt, freut sich nicht proportional zum Geld, das er verdient, oder zur Bekanntheit, die er erlangt. Natürlich spielen Reichtum und Anerkennung auch eine Rolle, aber an allererster Stelle steht der Rausch, ein eigenes Unternehmen aufgezogen zu haben, etwas durch die eigene Schaffenskraft zum Leben erweckt zu haben. Genau darin liegt für Bergson der Sinn des Alltags: etwas zu erschaffen, das es zuvor nicht gab. Etwas zum Existieren zu bringen.

Indem man arbeitet, wächst man in seiner Persönlichkeit, man strengt sich an, man triumphiert, und am Ende hat man nicht nur ein Unternehmen erschaffen, man hat sich selbst erschaffen, hat seine Persönlichkeit weiter ausgeformt. Arbeiten, die eigene Aktivität ausbauen, bedeutet, sich selbst zu erschaffen, und zwar allein aus eigener Kraft. Was sind schon ein 16-Stunden-Tag, die Augenringe, das fehlende Gehalt, der ausbleibende Urlaub, die Rückschläge und die Misserfolge – wenn Sie dabei sind, ein anderer zu werden! Geben Sie sich Zeit für den Wandel. Und wenn Sie das nächste Mal Appetit auf Spaghetti Bolo haben, dann ab in die eigene Küche. Die selbstgekochten werden immer noch besser schmecken als die aus der Kantine.

Ein paar Zeilen zu Bergson

(1859–1941)

Henri Bergson wurde 1859 in eine polnischstämmige jü-
dische Familie geboren. Er wuchs zwischen London, wo er perfekt Englisch lernte, und Paris auf, wo er hervorragende Noten
schrieb und den Schulpreis für Mathematik erhielt. Dennoch
überwog sein Interesse für die Geisteswissenschaften, und so
bewarb er sich – gleichzeitig mit Émile Durkheim und Jean
Jaurès – erfolgreich um einen Platz an der École normale
supérieure, der Pariser Elitehochschule für Lehramtsfächer.
Er erhielt die Lehrerlaubnis für Philosophie und war als Gym-
nasialprofessor im Fach Philosophie zunächst in Angers, dann
in Clermont-Ferrand und schließlich am renommierten Gym-
nasium Henri IV in Paris tätig. Im Jahr 1900 wurde er an
die prestigeträchtigste aller französischen Bildungsinstitu-
tionen, das Collège de France, berufen. Dank seiner Zwei-
sprachigkeit freundete er sich mit dem amerikanischen Philosophen William James an, der ihm zu Bekanntheit verhalf.
Seine bevorzugten Themen waren die Dauer der Zeit und
die Bedeutung der Intuition im Gegensatz zur Intelligenz.
Stetig versuchte er, der Lebenskraft einen bedeutenderen
Platz einzuräumen. Seine Aufnahme in die Académie des
sciences morales et politiques (Akademie der Moralischen
und Politischen Wissenschaften) markierte den Höhepunkt
seiner philosophischen Karriere und sicherte der Nachwelt
sein Werk. Seine Bücher wurden Welterfolge.

Das Buch für den Krisenfall

Die seelische Energie. Essay und Vortrag

Eine 1919 publizierte Sammlung von Texten und Vorträgen, die einen guten Einblick in die Arbeitsweise Bergsons gibt, sprich: in die Verbindung wissenschaftlicher Fakten mit dem permanenten Bestreben, die Philosophie zu einem Feld zu machen, das sich mit Bewegung, Schaffenskraft und dem Leben beschäftigt.

Philosophie hilft!

- Jede Kraftanstrengung ist mühsam, führt aber letztlich zu Freude, weil man dabei über sich hinauswächst.
- Die Schaffenskraft ist Sinn und Zweck des Lebens. Wenn dadurch etwas erschaffen wird, lohnt sich alle Anstrengung.
- Durch Arbeit erschafft man sich selbst. Man entdeckt sich und findet so zu seinem ganz persönlichen Glück.

Wittgenstein, meine Schwiegereltern und ich

Oder:
Kultur und Vielfalt

Bevor Sie Ihre angeheiratete Familie zum ersten Mal trafen, waren Sie mehr als bereit, sie in Ihr Herz zu schließen. Konflikte mit den Schwiegereltern schienen Ihnen so was von gekünstelt und klischeehaft, dass Sie niemals auf die Idee gekommen wären, eines Tages selbst betroffen zu sein. Sie waren rundum glücklich mit Ihrem Liebsten und wollten nur zu gerne all seine Lebensbereiche kennen- und schätzen lernen. Natürlich haben Sie sich gefreut, als er Ihnen vorschlug, mitsamt seinen Geschwistern an einem Mittagessen bei seinen Eltern teilzunehmen. Das würde sicher nett werden und war außerdem ein notwendiger und wichtiger Schritt in Ihrer Beziehung.

Die Tage vor dem großen Essen verbrachten Sie in gelassener Heiterkeit, allen Warnungen eines Freundes zum Trotz. Er fand die Vorstellung, zwei so bedeutende Welten zusammenzubringen, beängstigend und kam aus den Empfehlungen für passende Verhaltensweisen, die Ihnen die Integration in die andere Familie erleichtern würden, überhaupt nicht mehr heraus. Aber Sie hörten ihm gar nicht richtig zu und schlugen seine Hinweise leichtfertig in den Wind. Sie waren selbstbewusst, waren immer schon für Ihre strategische Intelligenz, für diese ausgewogene Mischung aus Bildung, Verführungskraft und Sorge für andere gerühmt worden.

Warum also Vorkehrungen wie für ein Gipfeltreffen anstellen, wenn doch überhaupt kein Stress in Sicht war? Und so betraten Sie an jenem Sommersonntag ganz offenherzig und spürbar enthusiastisch das Elternhaus Ihres Liebsten, Sie freuten sich darauf, Kinderfotos zu sehen und den unzähligen Schulgeschichten zu lauschen.

Doch schon auf der Türschwelle steigen Sie mit der Effizienz eines Sprints bei den Olympischen Spielen ins erste Fettnäpfchen. Sie sind als Letzte gekommen, haben noch kurz die Zeit genutzt, um einen üppigen Blumenstrauß zu besorgen, ohne daran zu denken, dass das Kind Ihrer Schwägerin gerade eine ausgeprägte Pollenallergie entwickelt. Ihr Partner ist sichtlich enttäuscht; er habe Ihnen doch »extra noch Bescheid gegeben«. Aber der Ausrutscher ist nicht rückgängig zu machen, peinlich berührt ergehen Sie sich in Entschuldigungen und hätten den Strauß am liebsten aufgegessen, nur damit er verschwindet. Glücklicherweise befördert Ihre Schwiegermutter die Blumen in Windeseile in den Müll und macht Ihre verunglückte Ankunft dadurch erst richtig amtlich. Reichlich durcheinander begeben Sie sich zu Tisch und hoffen, das Essen werde Ihr Missgeschick vergessen machen. Da wussten Sie noch nicht, dass Sie sich soeben auf dem heiligen Platz Ihres Schwagers niedergelassen hatten. Dafür, dass Sie die unausgesprochene Familien-Tischordnung gar nicht kennen können, fällt die Reaktion der anderen doch ziemlich gereizt aus, so offensichtlich ist Ihr Fehltritt für den Rest der Familie: »Also bitte, das geht doch nicht! Du weißt doch genau, dass das SEIN Platz ist!« Sie erstarren zur Salzsäule ob Ihrer Ungeschicktheit und wagen sich kaum noch zu rühren.

Dann lieber stillschweigend den Tischgesprächen zuhören, auch weil Sie keine Ahnung haben, worum es eigentlich geht.

Nun fängt Ihr Verlobter an, sich mit lebhaftem Interesse nach Leuten zu erkundigen, deren Namen Sie noch nie gehört haben. Er freut sich, dass der eine ein Baby hat, der andere Arbeit und der nächste Urlaub. Sie kennen die Gepflogenheiten des Hauses nicht und fühlen sich mehr als unwohl.

Und wie sind wohl die seltsamen Gesten der Großmutter zu deuten? Erleidet sie gerade einen Schlaganfall, oder will sie einfach nur ein weiteres Stück Braten?

Sie sind im Zentrum eines völlig neuen Universums gelandet, und vor Ihren Augen offenbart sich ein ganzer Kontinent. Alles um sie herum ist plötzlich rätselhaft. Niemand nimmt sich die Zeit, die Gespräche mit Untertiteln zu versorgen, und so haben Sie keinen Schimmer, worum es eigentlich geht. Daten, Erinnerungen und Scherze wirbeln wild durch die Reihen der Tischgesellschaft und sagen Ihnen nicht das Geringste. Alles geht viel zu schnell. Sie sprechen einfach nicht dieselbe Sprache. Ihr Liebster ist plötzlich ganz weit weg, fast haben Sie das Gefühl, er habe Sie abgeschrieben. Worauf auch immer man sich bezieht, gehört zu einem anderen Leben, in dem Sie sich fühlen wie ein blinder Passagier.

Aber viel heikler noch als Ihr Eindringen in unbekanntes Terrain sind die Unterschiede in Fragen der Haltung, der persönlichen Werte. Die kulturelle Schere geht so weit auseinander, dass es schon einer besonderen Geschmeidigkeit bedarf, um die Diskrepanz aufzufangen – und darauf sind Sie nicht vorbereitet. Beim Nachtisch müssen Sie sich notgedrungen auf die Lippe beißen, als Ihr Schwiegervater seine politischen Ansichten zum Besten gibt, die den Ihren diametral entgegenstehen. Und als zum Kaffee jede Menge Egozentrik und vulgäre Sprüche des Cousins ersten Grades gereicht werden, satte Prahlereien über seine fantastischen Geldanlagen und zahllosen Aufrisse, ersticken Sie beinahe an Ihrem Kuchenstück. Als Sie sich, gebrochen von den zurückliegenden Stunden, verabschieden wollen und der Schwiegermutter die Wange hinhalten, gibt sie Ihnen nur kühl die Hand und besiegelt Ihre Schlappe damit ein weiteres Mal. In der langen Umarmung des geliebten Sohnes erinnert sie ihn mit wissender Miene daran, dass es im Leben doch nur ein wahres Zuhause gibt: das Elternhaus. Vielleicht hätten Sie sich doch besser wappnen sollen.

Sie sind wieder zu Hause. Sie fühlen sich überfahren von der fremden Kultur, die nicht das Geringste mit der Ihren gemein hat und Ihnen vollkommen unvereinbar scheint. Ihr Vertrauen ist einem ausgeprägten Pessimismus gewichen, und die Vorstellung, die nächsten sechzig Jahre regelmäßig derartige Zusammenkünfte über sich ergehen lassen zu müssen, ist der blanke Horror. Dabei hätten Sie sich so gewünscht, dass Ihnen seine Eltern einfach nur ein paar alte Fotoalben zeigten. Jetzt schwanken Sie zwischen der Option, sich scheiden zu lassen, auch wenn Sie gar nicht verheiratet sind, der Hoffnung, Ihr Verlobter würde möglichst schnell ein Waise werden, und dem Plan, ihn zu entführen und künftig am anderen Ende der Welt zu leben. Höchste Zeit, ein probates Mittel für eine bessere Kommunikation und für die Integration in die Welt der anderen zu finden.

Was sagt Wittgenstein dazu?

Charakteristisch für Ludwig Wittgenstein ist neben seiner sprachphilosophischen Expertise unter anderem, dass er in ganz unterschiedlichen Milieus verschiedener Länder aufwuchs – der Eindruck, den Gesprächen um sich herum nicht ganz folgen zu können, dürfte ihm also hinreichend vertraut gewesen sein. Das Gefühl, irgendwie danebenzuliegen, diese Kluft zwischen den Kulturen mit ihren Schweigeminuten und Missgeschicken, weil man einfach nicht weiß, wie man sich angemessen verhalten soll, sofern man nicht gleich die Flucht ergreift, sollten sogar Gegenstand eines seiner bedeutendsten Werke werden. Doch er pocht nicht etwa auf die Unversöhnlichkeit der Kulturen und nimmt den Lesern auch noch das letzte Quäntchen Zuversicht, im Gegenteil: Wittgenstein gibt uns eine äußerst praktikable Gebrauchsanweisung an die Hand und schenkt uns den Schlüssel zur künftigen Integration.

In seinen *Philosophischen Untersuchungen* stellt er die Verbindung zwischen Kultur und Sprache her: Fühlt man sich irgendwo verloren, will sich der Sinn einer Kultur einfach nicht erschließen, dann deshalb, weil wir die Wörter und Gesten der Menschen um uns herum nicht begreifen. Denn für Wittgenstein unterscheidet sich eine Kultur nicht nur durch ihr Kunsthandwerk und ihre Bräuche von anderen Kulturen, sondern vor allem durch ihren mündlichen wie gestischen Sprachgebrauch, der sich im Laufe der Zeit analog zu ihrer Geschichte und ihren Gepflogenheiten entwickelt hat. Jede Umgebung hat ihre eigene Sprache mit ihren spezifischen Besonderheiten und Gepflogenheiten. Mit Kultur meint Wittgenstein kein geografisch begrenztes Land, sondern vielmehr eine »Lebensform«, ein aus seinem Werk nicht wegzudenkender Begriff. Eine solche Lebensform ist für ihn eine spezifisch ausgestaltete Organisation von Menschen mit präzisen Codes. So ist etwa eine Familie eine einzigartige Lebensform, wie sie es kein zweites Mal gibt. Unser ganzes Dasein setzt sich aus einer Vielzahl verschiedener Lebensformen zusammen, innerhalb derer wir uns täglich weiterentwickeln und deren Sprache wir immer wieder aufs Neue lernen müssen, um dazuzugehören, integriert zu sein und den Wunsch nach einem weiteren Stück Braten von einem Schlaganfall unterscheiden zu können. Zugleich ist Sprache immer in eine Lebensform eingebunden, Sprache ist ohne Lebensform nicht denkbar. Verändert sich die Lebensform, so verändert sich auch ihre Sprache. Wörter und Gesten haben abhängig von der jeweiligen Lebensform unterschiedliche Bedeutungen. In der U-Bahn können Sie sich hinsetzen, wohin Sie wollen – in einer Familie, wo die Plätze vergeben wurden, lange bevor Sie aufgetaucht sind, nicht.

Die Familie des Liebsten zu besuchen bedeutet, die Grenze zu einer anderen Lebensform zu überschreiten. Da können Sie noch so gut erzogen sein – diese Familie ist nicht Ihre Familie; Sie wissen nicht, wie sie tickt. Dasselbe gilt für einen Freundeskreis, dem Sie frisch angehören, oder einer neuen Arbeitsstelle. Den notwendigen Lernvorgang, sich mit den Gepflogenheiten einer neuen Kultur vertraut zu machen, bezeichnet Wittgenstein sogar als »Sprachspiel« –

wie bei jedem neuen Spiel muss man auch hier erst einmal die Regeln kennen, bevor man mitspielen kann. Das ist nicht immer leicht, zumal diese Regeln reichlich ungewöhnlich sein können. Wer ein Sprachspiel beherrschen will, braucht Hintergrundwissen, er muss wissen, wie die Leute zueinander stehen, und er muss über besondere Kenntnisse verfügen, wie etwa die, dass der Schwiegervater politisch woanders steht als man selbst oder ein Blumenstrauß ein Disqualifizierungsgrund sein kann. Kurz: Man muss neugierig sein. Und das braucht Zeit und erfordert Wachsamkeit. Vor allem erfordert es die Akzeptanz, dass die Dinge andernorts anders funktionieren, als man es gewohnt ist, es erfordert die Fähigkeit zu schweigen und zu beobachten. Jede Gruppe von Menschen besitzt ihr eigenes Sprachspiel. Wer geduldig dessen Regeln lernt, kann sich integrieren und dabei auch noch an Offenheit gewinnen. Wenn Sie erst dieselbe Sprache sprechen wie die Familie Ihres Liebsten und ihre Regeln respektieren, wird man deutlich eher bereit sein, Sie mit dem Sohn des Hauses spielen zu lassen.

Ein paar Zeilen zu Wittgenstein

(1889–1951)

1889 wurde Ludwig Wittgenstein in Wien als jüngstes von acht Kindern in eine wohlhabende Industriellenfamilie geboren. Seine Mutter war Pianistin, sein Vater förderte bekannte Künstler wie Brahms oder Mahler, und auch Sohn Ludwig wurde in unterschiedliche kulturelle Bereiche eingeführt. 1906 nahm Wittgenstein ein Ingenieurstudium in Manchester auf, wandte sich dann der Mathematik zu und studierte später in Cambridge bei dem Philosophen Bertrand Russell. Er unternahm zahlreiche Reisen, unter anderem von Island nach Norwegen, wo er sich ein Holzhaus zulegte. In der Überzeugung, dass sich sein Denken besser fernab von der Universität entwickeln kann, verfasste er dort ein Werk über die Grundlagen der mathematischen Logik. Sein bekanntestes philosophisches Werk, die *Logisch-philosophische Abhandlung*, schrieb er während des Ersten Weltkriegs, als er als österreichischer Freiwilliger an der russischen Front kämpfte. Darin beschäftigt er sich mit einer Definition sprachlicher und philosophischer Grenzen. Er geriet kurzzeitig in italienische Kriegsgefangenschaft, doch es gelang ihm, Russell sein Manuskript zukommen zu lassen, der sich für dessen Veröffentlichung im Jahr 1922 einsetzte. In der Überzeugung, sein Werk habe endgültig sämtliche denkbaren Probleme der Philosophie gelöst, suchte er nach neuen Aufgabenfeldern. Er arbeitete als Lehrer und Hilfsgärtner und gestaltete als Architekt ein Haus für seine Schwester. Die Philosophen des Wiener Kreises ließen ihn schließlich durch neue Fragestellungen zur Philosophie zurückkehren. 1939 wurde Wittgenstein zum Philosophieprofessor nach Cambridge berufen. Seine Bedeutung für die analytische Philosophie, seine Arbeiten über Sinn und Bedeutung und sein ungewöhnlicher Lebenswandel machten ihn zu einem bedeutenden Denker des zwanzigsten Jahrhunderts.

Das Buch für den Krisenfall

Philosophische Untersuchungen

Ebenso wie die *Logisch-philosophische Abhandlung* beschäftigt sich auch dieses, 1953 posthum veröffentlichte Werk mit Sprache und ihrer Verständlichkeit. Durch zahlreiche Gedankenexperimente versucht Wittgenstein den Leser an seinen Überlegungen teilhaben zu lassen.

Philosophie hilft!

- Kultur ist in erster Linie der Gebrauch von Sprache mit ihren jeweiligen Besonderheiten.
- Kultur ist keinen Landesgrenzen unterworfen. Vielmehr pflegt jede Gruppe von Menschen ihre eigene Kultur mit ihrer ganz eigenen Sprache.
- Wer sich einer Gruppe anschließen möchte, muss die besondere Sprache dieser Gruppe erlernen – in Worten und Gesten.

Mill und die Sache mit der Ehrlichkeit

Oder:
Auf den rohen Eiern der Wahrheit

Sie fanden Geburtstage immer schon großartig – zugegebenermaßen vor allem den eigenen. Ein tolles Gefühl, so ganz im Mittelpunkt zu stehen, sich vom aufregenden Trubel dieses Tages mitreißen zu lassen, an dem alles allein für Ihr persönliches Vergnügen organisiert wird, und dazu der Luxus, all Ihre Freunde um sich herum versammelt zu haben. Kaum ist der große Tag vorüber, freuen Sie sich schon aufs nächste Jahr und können es kaum erwarten, bis die dazwischenliegenden Monate rum sind. Den zweifellos wichtigsten Platz und Ihre größte Aufmerksamkeit nehmen die Geschenke ein. Nicht dass Sie sonderlich materialistisch veranlagt wären – aber Geschenke sind ja auch Symbol der Aufmerksamkeit, die einem entgegengebracht wird. Fast als würde in jedem Päckchen eine kleine Liebeserklärung liegen: in Form eines wohlüberlegt gewählten, besonders hübschen Gegenstandes, der allein den Zweck hat, Sie wunschlos glücklich zu machen.

Sie haben diesem Abend, an dem Ihr neuer Frühling gefeiert werden soll, daher mit fast schon kindlicher Begeisterung entgegengefiebert. Um das prickelnde Gefühl der Vorfreude ein wenig in die Länge zu ziehen, findet das Geschenkeauspacken traditionellerweise erst beim Nachtisch statt. Die ersten Präsente hauen Sie um – jedes einzelne hat mit irgendeinem ganz bestimmten Aspekt Ihres Lebens zu tun. Rührend, mit welcher Sorgfalt die Sachen ausgewählt wurden. Sie müssen sich nicht sonderlich ins Zeug legen, um die anderen Ihre Begeisterung spüren zu lassen. Voller Elan schnappen Sie sich das nächste Päckchen. Es ist von Ihrer besten Freundin, mit der Sie immer schon die intimsten Geheimnisse geteilt haben. Mit strahlendem Lächeln und der Gewissheit des nahenden Glücks greifen Sie in die Tüte. Als Sie den Pullover auseinandergefaltet vor sich halten, klappt Ihnen die Kinnlade runter. Sie sind fassungslos. Ihre Gesichtszüge gefrieren. Man muss den Tatsachen ins Auge blicken: Man hat Ihnen ein hässliches Geschenk gemacht. Nicht eines, das vielleicht nicht ganz so hübsch ist, sondern ein richtig potthässliches Geschenk. Eines der Sorte, die man Ihnen vielleicht noch als Scherz überreichen könnte, aber doch nicht ernsthaft. Die Farben schreien zum Himmel, der Schnitt ist formlos, und vom Material bekommt man schon beim Hinschauen Juckreiz. Was ist passiert? Mit erstarrtem Grinsen sehen Sie sich um und können nur irgendeine banale Floskel stammeln: »Aber das wär doch nicht ...« Auf den zweiten Teil müssen Sie sich schon sehr stark konzentrieren: »... mir ein solches Teil zu schenken.« Und das Schlimmste: Ihre Freundin scheint kein bisschen verunsichert zu sein. Im Gegenteil, sie kommt aus dem Seufzen gar nicht mehr heraus und beteuert ohne Unterlass, wie viel Zeit sie doch mit der Suche verbracht habe, wie gut Ihnen der Pulli doch stehen würde und auf welch harmonische Weise er zugleich flauschig und originell sei. Sie sind fassungslos. So enttäuscht waren Sie das letzte Mal

mit sieben, als Ihre Eltern etwas auf Ihrer Weihnachts-
wunschliste durcheinandergebracht hatten. Kennt sie Sie
wirklich so schlecht? Fast fühlen Sie sich hintergangen. Die
erhoffte Symbolik verpufft im Nichts. Wenn Geschenke
tatsächlich Liebeserklärungen sind, dann kommt das Ihrer
Freundin eher einer Beleidigung gleich. Dieses Geschenk
jedenfalls ist einfach nur schrecklich. Sie schwanken, ob Sie
in Tränen ausbrechen oder diesen Alptraum besser gleich
mit den Kerzen des Geburtstagskuchens abfackeln sollen.
Und dann sieht sie Ihnen direkt in die Augen und fragt:
»Und? Gefällt er dir?«

Die Ehrerbietung hat ein Ende, genau wie das hibbelige
Vergnügen, die Königin der Party zu sein; Sie stecken mitten
in einem ernsthaften Dilemma. Sollen Sie lügen und so tun,
als könnten Sie kaum an sich halten vor lauter Begeisterung
über ein Geschenk, das Sie an einen Putzlumpen erinnert und
Ihnen das Gefühl gibt, man mache sich über Sie lustig? Oder
ehrlich sein, die Wahrheit sagen und damit riskieren, Ihre
Freundin zu kränken, ihr beiläufig ernsthaften Kummer zu
bereiten? Nur wegen einer launischen Freundin, die sowieso
nie zufriedenzustellen ist? Die Minuten vergehen, und Ihr
Lächeln verliert immer mehr an Überzeugungskraft. Unter
dem Druck der Runde fangen Sie sich schließlich. »Fantas-
tisch! Ich liebe ihn!«, kreischen Sie, und dann setzen Sie noch
eins drauf und beteuern, wie genau Ihre Freundin doch ins
Schwarze getroffen habe: »Den ziehe ich so schnell nicht wieder aus, so ein tolles Stück! Das bin genau ich!« Die Party
nimmt ihren Lauf, man stößt auf Sie an; in Ihrem Kopf aber
klingt Ihre schamlose Lüge nach. Ganz abgesehen von der

Aussicht, das schreckliche Teil beim nächsten Treffen tragen zu müssen. Sie sind ganz schön angeschmiert.

Worauf gründet sich eigentlich Ihre Beziehung, wenn Sie Ihrer besten Freundin nicht ehrlich sagen können, was Sie denken? Unterwandert eine Lüge nicht das Vertrauen zwischen Ihnen? Wenn Sie sich nicht einmal bei einem Geschenk der Wahrheit zu stellen wagen, laufen Sie dann nicht auch bei viel ernsthafteren Themen Gefahr, etwas voreinander zu verbergen? Bei dem Gedanken wird Ihnen viel übler als beim Anblick irgendeines geschmacklosen Pullis. Zurück in Ihrer Wohnung schwanken Sie, ob Sie ihr eine SMS schicken und Ihre Enttäuschung ganz offen eingestehen sollen. Aber als Sie gerade auf Senden drücken wollen, stellen Sie sich das Gesicht Ihrer Freundin vor, wie sie die Nachricht liest. Schließlich ringen Sie sich durch und kommen zu dem Schluss, dass es einfach über Ihre Kräfte geht, Ihrer Freundin wehzutun; nein, Sie müssen sie schonen, schließlich hat sie das Geschenk mit Herzblut ausgewählt. Voller Schuldgefühle legen Sie sich schlafen, die Champagnerlaune ist dahin, und in Ihnen wächst die Befürchtung, im kommenden Jahr die nächste Lüge auftischen zu müssen.

Was sagt Mill dazu?

Der britische Philosoph, Logiker und Ökonom John Stuart Mill wird Ihnen mit Sicherheit nicht gestatten, das Geschenk umzutauschen. Dafür ist er ein wertvoller Verbün-

deter darin, die Umstände zu identifizieren, in denen die
Wahrheit obligatorisch ist. Was uns wiederum strategischer
vorgehen und uns mit größerer Sicherheit spüren lässt, in
welchen Situationen wir uns wie verhalten sollen, sprich:
wann Diplomatie angebracht ist und wann wir um Aufrichtigkeit nicht herumkommen.

Seine Haltung zur Bedeutung der Wahrheit innerhalb
menschlicher Beziehungen legt Mill in seinem 1863 publizierten Werk *Der Utilitarismus* dar, das zudem die Grundlagen des Kapitalismus festsetzte und prägend sein sollte für
die Ökonomie. Im Vordergrund steht für ihn dabei stets der
Nutzen einer Handlung, heißt: Was ist für die Mehrheit
am nützlichsten, am vorteilhaftesten? Mills Antwort darauf
könnte nicht klarer sein: Die Unwahrheit, so erklärt er nach-
drücklich, unterwandert das Vertrauen. Wer lügt, nimmt
seinen Worten die Kraft, und das schwächt die Aussagen des
Menschen, weil sie nicht auf der Wirklichkeit beruhen. Was
wiederum zu labileren zwischenmenschlichen Beziehungen
führt. Indem er die gesellschaftlichen Konsequenzen vor
wegnimmt, geht Mill noch einen Schritt weiter: Welche
Folgen hat es, wenn es der Mensch auf die leichte Schulter
nimmt, die Unwahrheit zu sagen?

Lügen sind für den Philosophen nicht einfach unwahre Äu-
ßerungen; auch und vor allem stellen Lügen eine Bedrohung
des gesellschaftlichen guten Lebens dar, beeinträchtigen
Lügen das Glück innerhalb der Gesellschaft. Mill vertritt hier
eine sehr strikte Haltung, beruhe doch das Glück der Gruppe,
die uns erlaubt, uns gemeinsam weiterzuentwickeln, auf ge-
genseitigem Vertrauen. Wird innerhalb der Gruppe die

Wahrheit gesagt, wächst dieses Vertrauen, und das wiederum befördert das Glück des Einzelnen. Folglich nützt die Wahrheit dem Menschen mehr als die Lüge, sie ist vorteilhaft für ihn und zuträglich für sein Zusammenleben mit anderen. Wer kennt nicht das Gefühl der Erleichterung, wenn man merkt, dass das Gegenüber ehrlich ist? Ist der Gedanke nicht beruhigend, dass der Austausch mit anderen auf einem stillschweigenden Pakt der Aufrichtigkeit beruht, egal ob in der Arbeit oder im Privatleben? Mills Moral baut auf Erfahrung auf, auf dem alltäglichen Erleben. Für ihn ist es die Moral, die dem Glück des menschlichen Zusammenlebens am zuträglichsten ist. Lügen dagegen sind nutzlos und unmoralisch, weil sie das Vertrauen untergraben. Na, dann: Wenn die Wahrheit also ein Glücksgarant ist, greifen wir beherzt zum Handy und schicken eine super aufrichtige SMS los, in der wir laut und deutlich zum Besten geben, wie unfassbar hässlich dieses Geschenk doch ist.

Moment – Mill ist zwar ein eiserner Verfechter der Wahrheit; dennoch ist ihm klar, dass auch Lügen in seltenen Ausnahmefällen ihre nützlichen Seiten haben können. Vor allem, wenn jemand dadurch vor etwas bewahrt wird, wenn ihm eine Unannehmlichkeit erspart wird. Mill zeigt ein paar solcher Extremfälle auf. Eine Lüge ist beispielsweise erlaubt, wenn dadurch verhindert wird, dass ein Freund von einem Übeltäter aufgespürt wird. Auch Schwerkranken gegenüber darf die Unwahrheit gesagt werden. Jetzt ist der Ausdruck der eigenen Enttäuschung wegen eines ärgerlichen Geschenks zwar weit entfernt von einem solchen Notfall. Hier sollte man sich von der Erfahrung leiten lassen: Welches Verhalten ist dem guten Zusammenleben in diesem Fall am zuträglichsten? Ehrlich zu sagen, was man denkt, ist fraglos essenziell, vor allem, wenn man verletzt wurde – allerdings nur, wenn man dem anderen dadurch nicht ein noch größeres Leid zufügt. Wenn die Wahrheit dem anderen einen unverhältnismäßig gravierenden Kummer zufügt, dann schweigt man besser.

Meistens also ist die Wahrheit von größerem Nutzen, aber auch eine Lüge kann in Ausnahmefällen gerechtfertigt sein. Wer auf diese Weise sein Handeln diplomatisch abwägt, nimmt Rücksicht auf den anderen. Für die Ausnahme sollten zwei Bedingungen gelten: Zum einen sollte sie eindeutig als solche angesehen werden. Und zum anderen müssen ihr klare Grenzen gesetzt sein, damit die Ausnahme nicht plötzlich auf andere Bereiche ausgedehnt wird und unsere sozialen Bindungen gefährdet. Vielleicht lassen Sie also diesmal Ihr Handy in Ruhe und tun weiterhin so, als würden Sie den Pullover wirklich mögen. Aber gestehen Sie Ihrer Freundin ruhig ein, dass Sie ihre Kochkünste eigentlich nicht besonders schätzen. Das wird Ihre Verbindung nur stärken.

Ein paar Zeilen zu Mill

(1806–1873)

John Stuart Mill wurde 1806 in London geboren. Sein Vater, ein Ökonom, verfolgte das ehrgeizige Ziel, aus seinem Sohn ein Genie zu machen. Den Empfehlungen des Philosophen

Jeremy Bentham folgend, ließ er ihm eine äußerst strenge, anspruchsvolle Erziehung zukommen. Mit drei Jahren lernte Mill das griechische Alphabet, mit acht wurde er in die Algebra, Ökonomie und Philosophie eingeführt. Als er mit zwanzig Jahren eine schwere Depression erlitt, versuchte er, seine rein rationale Erziehung auszugleichen, indem er fortan auf seine Gefühle hörte. Er wurde Journalist und schrieb für Zeitschriften, die den Liberalismus propagierten. Als Schüler und Freund von Auguste Comte, den er finanziell unterstützte, war er stark geprägt durch den Positivismus. Anders als der Name vermuten lässt, propagiert diese Denkrichtung kein positives Leben, sondern die Rationalität der Wissenschaft. 1858 ließ sich John Stuart Mill in seinem Haus nahe der französischen Stadt Avignon nieder. 1865 zog er ins Parlament ein, wo er sich für das Frauenwahlrecht und die Gleichberechtigung der Frau einsetzte – Mill gilt als einer der Wegbereiter des Feminismus. Was die Moral betrifft, so schloss sich Mill dem Utilitarismus Jeremy Benthams an. Er begründete die Pflicht, nach dem Allgemeinwohl zu streben, wobei er besonderen Wert auf den qualitativen Aspekt dieses Glücks legte. Das Ziel der Menschheit bestand Mill zufolge darin, das Gefälle zwischen dem Glück des Einzelnen und dem Glück der Allgemeinheit zu überwinden. Solange ein solches Gefälle existiert, sollte das persönliche Glück immer auch das Wohl des Nächsten im Sinne haben. Das von Mill propagierte Glück ist also ein altruistisches. Sein Utilitarismus zielt auf das Wohl der Gesellschaft ab.

Das Buch für den Krisenfall

Der Utilitarismus

In dem 1861 publizierten Text legt John Stuart Mill seine Definition des Utilitarismus dar, den er zusammen mit Jeremy Bentham entwickelte. Einziges Kriterium der Moral ist der Nutzen einer Handlung. Eine nützliche Handlung trägt zum Glück möglichst vieler Menschen bei. Dieses Glück wiederum ist gekennzeichnet vom Streben nach qualitativ hochwertiger Freude.

Philosophie hilft!

- Nützlich ist, was zum größten Glück in der Gesellschaft führt.
- Es ist nützlich, die Wahrheit zu sagen, da dadurch das Vertrauen zwischen den Menschen wächst. Vertrauen ist eine der Grundlagen des Glücks in einer Gesellschaft.
- Außer in bestimmten Fällen, wo eine Lüge jemanden schützt, sind Lügen dem Glück abträglich. Entscheidend ist, dass man seine Worte gut abwägt.

Dank

»Sie fragen mich nach meiner Lebensgeschichte?
Dann erzähle ich Ihnen,
welche Bücher ich gelesen habe.«
Ossip Mandelstam,
Sommer 1914

Ich danke meinem Bruder, der besseren Version meiner selbst. Ohne ihn wäre alles nichts. Ich wünsche allen Schwestern der Welt, einen älteren Bruder wie ihn zu haben. Ich bedanke mich bei meiner Mutter für ihre unerschütterliche, kraftvolle Liebe, ihren Mut und ihre Fantasie, und vor allem dafür, dass sie so mutig ist in ihrer Fantasie. Und ich bedanke mich bei meinem Vater dafür, dass er dieses Buch so unbedingt wollte – darauf gründete sich mein ganzes Vertrauen. Ich danke Alexandre, dafür, dass er er ist. Und dafür, dass er immer wieder Holzhütten baut, in denen ich Unterschlupf finde. Dieses Buch gehört uns, und wir werden uns unser ganzes Leben lang an dieses Leben erinnern. Danke Coco für den Zündstoff und danke dem Schicksal dafür, dass es die Liebe vervielfacht und mir einen dritten Zwilling geschenkt hat. Danke Laura-Maï, dass unsere Söhne auf immer miteinander verdrahtet sein werden. Ich danke Pierre für seine Schriften, die einen retten können und sich in die Haut brennen. Danke Sylvie für ihre unerschütterliche Nachsicht und ihren Erobererblick. Danke Simon für unsere gemeinsamen Märzmonate und das Vermögen, die Wogen zu glätten.

Ich hätte mir wohl keine wertvolleren, zartfühlenderen Begleiter wünschen können auf meiner heiteren Fahrt durch das mäandernde Leben.

Danke Susanna, Léonard, Emmanuelle. Nie hätte ich mir einen so korrekten, wertvollen Blick erhofft. Erst durch euer Vertrauen bin ich zur Autorin geworden. Dafür werde ich euch ewig dankbar sein. Ich danke meinen Lehrern, die mich zur Schülerin machten, und meinen Schülern, die mich zur Lehrerin machten. Durch euch werde ich jeden Tag ein Stück besser. Danke Frédéric Manzini für den sinnlichen Spinoza. Dank an Alain Granat, dass er mich so früh hat erkennen lassen, wie sexy die Philosophie ist. Und danke Stéphanie Janicot für den Taumel der ersten Worte. Danke Bérangère, Carole, Nitha, Rachel, Océane, Marley, die mich durch ihre Begeisterung und Kompetenz Ruhe bewahren lassen und die mein Schreiben überhaupt erst möglich gemacht haben. Danke an Ingrid, die inspirierte Reisende und die inspirierende Entdeckerin – irgendwann werden sich unsere Wege kreuzen. Danke Maud für die Wahlverwandtschaft. Ich danke allen Yiddish Mama. Danke Virginie, Olga, Jola, Ulysse, Ilona, Malizzia, Eva und Laurent-David für die rätselhafte Solidarität und nahrhafte Unterstützung. Dank an Emmanuel M. und die siegreichen Abende.

Und zu guter Letzt danke ich Spinoza, Aristoteles, Bergson, Wittgenstein, Pascal, Nietzsche, Kant, Platon, Heidegger, Levinas und Mill. Jungs, ohne euch hätte ich nicht mehr weitergewusst.

Register

Personenregister und genannte Werke

Personenregister und genannte Werke